ПОРАКАТА
НА
КРСТОТ

ПОРАКАТА НА КРСТОТ

Д-р Церок Ли

URIM
BOOKS

ПОРАКАТА НА КРСТОТ од д-р Церок Ли
Објавено од Urim Books (Претставник: Сеонгкеон Вин)
235-3, Гуро-донг 3, Гуро-гу, Сеул, Кореја
www.urimbooks.com

Авторско право © 2012 од д-р Церок Ли
ISBN: 978-89-7557-641-6
Авторски права на превод © 2010 од д-р Естер К. Чунг. Користени со дозвола.

Претходно објавена на корејски од Урим Букс во 2002

Прво издание јули 2012

Уредено од д-р Геумсун Вин
Дизајнирано од Уредничкото биро на Urim Books
За повеќе информации контактирајте не на urimbook@hotmail.com

Предговор

Ви посакувам да го разберете срцето на Бога и Неговиот голем план во љубов и да поставите цврста основа за вашата верба

Пораката на Крстот одвела безброј луѓе по патот на спасението од 1986 година и демонстрирала безбројни дела на Светиот Дух преку многу крстоносни походи во странство. Најпосле, Господ Отецот ме благослови да ја издадам. Му ја давам сета благодарност и слава Нему!

Многу луѓе велат дека веруваат во Бог Создателот и ја знаат љубовта на Неговиот Син Исус Христос, но не се во состојба да го проповедаат евангелието со доверба. Всушност, само неколку Христијани го разбираат срцето и провидението на Бога. Понатака, некои Христијани се оттргнати од Бога бидејќи тие ниту примиле јасни одговори на многу прашања покажани во Библијата ниту го разбрале мистериозното провидение на љубовта на Бога.

На пример, што ќе речете доколку ви ги постават следниве три прашања: "Зошто Бог го засадил дрвото на познавање на доброто и на злото и дозволил човекот да јаде од дрвото?” “Зошто Бог создал пекол дури иако Тој го жртвуваше Својот Син Исус Христос за грешниците?” и “Зошто е Исус *единствениот* Спасител?”

Јас не бев во можност да го разберам Божјото длабоко провидение за создавањето и Неговото тајно провидение скриено во крстот во текот на првите неколку години од мојот Христијански живот. Откако бев наречен проповедник на евангелието, почнав да се прашувам себеси, “Како можам да водам безбројни луѓе по патот на спасението и да го славам Бога?” Сфатив дека треба да ги разберам сите Слова од Библијата вклучувајќи ги и деловите кои се тешки да се сфатат преку толкувањето на Бога и да ги проповедам низ целиот свет. Постев често колку што можев и се молев за ова. Поминаа седум години пред Господ да започне да ми ги открива истите.

Во 1985 годин додека посветено се молев, бев исполнет со Светиот Дух. Тој почна да ми го толкува тајното провидение на Бога кое беше скриено. Тоа беше “Пораката на Крстот.” Го проповедав во текот на секоја неделна утринска служба низ дваесет и една недела. Аудио снимките со “Пораката на Крстот” влијаеа на безброј луѓе во земјата и странство. Кога и да беше проповедана Пораката на Крстот, Светиот Дух работеше како заслепувачки оган. Многу луѓе се покајаа за нивните гревови и беа излекувани од нивните болести или слабости. Тие ги отфрлија сомнежите за провидението на Бога и се здобија со вистинска верба и вечен живот. До тогаш, тие не го познаваа Бога и Неговата длабока љубов на вистинскиот начин. Тие почнаа да го разбираат планот на Бога, да го запознаваат Него, и да се надеваат на вечен живот преку оваа порака.

Ако јасно разберете зошто Бог го засадил дрвото на познавање на доброто и на злото во Градината Едем, можете да го разберете Неговото провидение за човековата култивација и дури и поискрено да го сакате Бога. Понатаму, со знаењето на вистинската цел на вашиот живот, вие ќе бидете во можност да се борите против вашите гревови до степен на пролевање на крв, да го вложите својот максимум да наликувате на срцето на Господ Исус Христос, и да му бидете верни на Бога до смрт.

Пораката на Крстот ќе ви го покаже Божјото тајно провидение скриено во крстот и ќе ви помогне да поставите цврста основа за вистински и добар Христијански живот. Затоа, секој кој ја чита оваа книга ќе биде во можност да го разбере длабокото Божјо провидение и љубов, да се здобие со вистинска верба, и да изгради и да води Христијански живот кој е угоден во Неговите очи.

Сета моја благодарност и ја давам на д-р Геумсун Вин, Директорот и нејзиниот персонал од Уредничкото биро на Урим Букс кои вложија напори за да се објави овој труд.

Нека безброј луѓе го разберат длабокото провидение на Бога, нека го сретнат Бога на љубовта, и нека бидат спасени како вистински чеда на Бога — за сето ова се молам во името на Господ Исус Христос!

Церок Ли

Вовед

Пораката на Крстот е мудроста и силата на Бога, и моќна порака која секој Христијанин во светот мора да ја прифати!

Му искажувам благодарност и слава на Бога Отецот кој не водеше да ја издадеме *Пораката на Крстот*. Навистина многу членови на Манмин низ светот со нетрпение го очекуваа нејзиното објавување. Оваа книга дава јасни одговори на многу прашања за кои многумина Христијани се прашуваат: 'Како изгледаше Бог Создателот пред сите векови?' 'Зошто Бог го создаде човекот и му овозможи да живее на оваа планета?' 'Зошто Бог го засади дрвото на познавање на доброто и на злото во Градината Едем?' 'Зошто Бог го прати Неговиот еден и единствен Син како жртва за искупување?' 'Зошто Бог го испланирал провидението на спасението преку грубиот дрвен крст?' и на уште многу други прашања и уште повеќе.

Оваа книга се состои од пораки исполнети со дух проповедани од д-р Церок Ли и ве просветлува да ја сознаете и разберете длабоката, широка, и голема љубов на Бога.

Глава 1, "Бог Создателот и Библијата," вам ви го претставува Бога и како Тој работи меѓу вас. Преку оваа глава ќе најдете докази за живиот Бог и ќе ја согледате вистинитоста на Библијата во светло на историјата на човековиот вид.

Глава 2, "Бог го Создаде и го Култивира Човекот," сведочи дека Бог ги создал сите нешта во универзумот и создал човек според Неговиот образ. Како дополнение, оваа Глава ве учи на вистинитото значење на човековиот живот и за целта на Неговото подигање на човечките суштества како Негови вистински духовни чеда.

Глава 3, "Дрвото на Познавањето на Доброто и на Злото," обезбедува одговори на основното прашање за сите Христијани: Зошто Бог го засадил дрвото на познавање на доброто и на злото? Оваа Глава ја објаснува причината во детали и ви помага да ја разберете длабоката љубов и мистериозното провидение на Бога кој ги култивира човечките суштества на земјата.

Глава 4, "Тајната Скриена од пред Вековите," ја објаснува врската помеѓу правото за откуп на земјиштето и духовниот закон на човековото спасение (Левит 25). Таа исто така објаснува дека сите луѓе мора да одат по патот на смртта поради нивните гревови но Бог го подготвил прекрасниот пат на нивно спасение уште пред да започне времето. Конечно, ве учи зошто Бог го сокрил патот на човековото спасение до времето по Негов избор и како Исус е квалификуван за условите на законот за откупување на земјиштето.

Глава 5, "Зошто е Исус Нашиот Единствен Спасител?" објаснува како планот на Бога за човековото спасение кој беше скриен уште пред сите векови беше исполнет преку Исус, причината за Неговото распнување, благословите и правата на чедата Божји, значењето на името "Исус Христос," причината зошто Бог не дал друго име туку Исус Христос под небесата со кое луѓето мора да бидат спасени, и така натаму. Ќе ја почувствувате немерливата љубов на Бога доколку го разберете духовното значење на пораката прикажана во оваа Глава.

Глава 6, "Провидението на Крстот," ве просветлува со длабоките значења на Исусовите страдања. Зошто Исус беше роден во просторот за животни и положен во јасли ако Тој навистина беше Син Божји? Зошто Тој беше сиромав целиот Негов живот? Зошто Тој беше камшикуван преку целото тело, крунисан со трње, и закован на Неговите нозе и раце? Зошто Тој страдаше од болки до степен на пролевање на сета Негова крв и вода?

Оваа Глава обезбедува дополнителни одговори на ваквите прашања и ви помага да ја разберете духовната димензија на Неговите страдања. Сите видови на болести и слабости исто како и проблеми како што се сиромаштијата, раздорот во семејствата, тешкотиите во работата, и така натаму ќе бидат решени преку вашето разбирање и вера во духовните значења на Исусовите страдања. Оваа Глава ви помага да ја согледате ваквата длабока љубов на Бога, да отфрлите секаков вид на зло, и да учествувате во божествената природа.

Глава 7, "Последните Седум Збора на Исус на Крстот," го објаснува духовното значење на Исусовите последни седум збора на крстот непосредно пред да умре. Преку последните седум збора на крстот, Тој ја исполнил Неговата мисија која му била доверена од Неговиот Небесен Отец. Оваа Глава нагласува дека треба да ја разберете Исусовата неизмерна љубов за човештвото, да го чекате Неговото Второ Доаѓање и да биете добра битка до крајот со надеж за воскресение.

Глава 8, "Вистинска Вера и Вечниот Живот," ви кажува дека ние стануваме едно со нашиот Младоженец Исус Христос само со вистинска вера. Библијата предупредува на некои кои велат дека веруваат во Спасителот Исус Христос но кои не можат да бидат спасени на Судниот Ден. Библијата нагласува дека е потребно не само да се прифати Исус Христос туку исто така да се јаде плотта на Синот Човечки и да се пие Неговата крв за да се достигне вечно спасение. Вие може да имате вистинска вера која ќе ве води по патот на спасението кога ќе ја јадете Неговата плот и ќе ја пиете Неговата крв. Оваа Глава исто така ве учи на природата на вистинската вера, како да се здобиете со истата, и што треба да сторите за да достигнете целосно спасение.

Глава 9, "Да се биде роден од Вода и Дух," прво го споменува дијалогот помеѓу Исус и Никодим. Со таа размена на мислења завршува *Пораката на Крстот*. Вашето срце мора да биде постојано обновувано преку вода и Светиот Дух додека се врати Исус Христос и вие мора да го чувате вашиот цел дух, душа, и тело безгрешни за Второто Враќање на Господ Исус Христос, времето кога Господ ќе ве прими како Негова прекрасна невеста.

Глава 10, "Што е Ерес?" навлегува во природата на ересот и ги разгледува негативните и грешните сфаќања што многу Христијани ги имаат за тоа. Денес, многу луѓе грешат или ги наведуваат силните дела на Бога како еретички или погрешни без да размислат бидејќи тие не ја знаат библиската дефиниција за ерес. Оваа Глава ве предупредува дека вие не треба ниту да ги наведувате ниту да ги осудувате делата на Светиот Дух како еретички и објаснува како вие треба да го разликувате Духот на вистината и духот на заблудата, и за некои еретички деноминации. На крајот, оваа Глава нагласува дека вие треба да бидете будни и да се молите постојано и да живеете во вистината со цел да не паднете во искушенијата на духот на заблудата.

Апостолот Павле рекол за пораката на крстот, мудроста на Бога во 1 Коринтјаните 1:18, "*Бидејќи Словото за крстот е безумство за оние, што гинат, а за нас, кои се спасуваме, сила Божја.*" Секој може да има вистинска вера, да го запознае живиот Бог и да живее исполнет Христијански живот во потполност кога ќе ја разбере тајната скриена во крстот и ќе го сфати длабокото провидение на Божјата немерлива љубов за човештвото.

Пораката на Крстот е основна поука за вашиот живот. Затоа, се молам во името на Бога вие да можете да ја поставите основата за вашиот Христијански живот и да достигнете целосно спасение и вечен живот.

Геумсун Вин
Директор на Уредувачкото Биро

Содржна

Глава 1

Бог Создателот и Библијата

- Бог е Создателот
- Јас Сум Оној Кој Вечно Постои
- Бог е Сезнаен и Семоќен
- Бог е Авторот на Библијата
- Секој Збор во Библијата е Вистина

Во почетокот Бог ги создаде
небото и земјата.

Битие 1:1

Бог е Создателот

Денес, постојат безброј книги во светот, но ниедна друга книга освен Библијата не ви дава детални и јасни одговори на прашањата за потеклото и создавањето на универзумот, и за почетокот и за крајот на човечката раса.

Библијата дава јасен одговор на прашањето за потеклото на универзумот и животот. Битие 1:1 вели, *"Во почетокот Бог ги создаде небото и земјата"*, а во Евреите 11:3 пишува, *"Преку верата разбираме дека вековите се установени со збор Божји и дека од невидливото произлегло видливото."*

Не се што е видливо било направено од нешто кое веќе постоело. Било создадено од "ништо" на Божја заповед.

Човек може да направи нешто од нешто друго кое веќе постои, имено, трансформирајќи или комбинирајќи материјали кои веќе постојат со цел да се создаде нешто но тој не може да создаде нешто од ништо.

Незамисливо е човек да може да создаде жив организам. Дури иако тој има развиено научна технологија доволна за да направи вештачка интелигенција (ВИ.) кај компјутерите или клонирани јагниња, тој не може да создаде дури ни амеба од ништо.

Затоа, луѓето може само да извлечат живи организми од нештата кои се дадени од Бога, и да ги комбинираат на различни начини. Мора да знаете дека не е ништо повеќе од тоа.

Така, треба да знаете дека само Бог е во можност да создаде нешто од ништо. Само Бог Создателот го создаде универзумот на Негова заповед и го контролира целиот универзум, светската историја, животот и смртта, и благословите и клетвите на човештвото.

Докази кои ве тераат да верувате во Бог Создателот

Се – куќата, масата, па дури и ноктот – се создадени од некого. Ни минува низ главата дури и без да проговориме дека мора да постои создател на овој неизмерен универзум. Треба да има сопственик кој го создава и кој управува. Тоа е Бог Создателот за кого Библијата постојано ви кажува.

Кога ќе погледнете наоколу, постојат изобилни докази за создавањето. Како еден лесен пример, земете го во предвид огромниот број на луѓе на земјата. Без разлика на раса, возраст, пол, социјален статус, и така натаму, секој има две очи, две уши, еден нос со две ноздри, и една уста.

Дури иако секое животно има мала разлика според неговиот вид, имаат иста структура на лицето. На пример, слонот има долг нос (сурла) но таа е во центарот на неговото лице, и над неговата уста. Не е над неговите очи, под устата, или на врвот на неговата глава. Секој слон има две ноздри, две очи, две уши и една уста. Сите птици во воздухот, сите риби во океанот или во реката, имаат иста структура.

Не само дека секое животно споделува иста структура на лицето, туку сите дигестивни и репродуктивни системи кај цицачите се идентични исто така. На ист начин, секој зема храна со својата уста и што и да влезе во устата оди во стомакот и излегува од телото. Сите цицачи се парат со спротивниот пол и раѓаат нивни потомци.

Кога ќе ги споите сите овие очигледни фактори заедно, вие не можете да кажете дека се работи за случајност или докази за еволуцијата наложени со "преживувањето на најсилните." Ништо од ова никогаш не може да биде објаснето со теоријата на еволуцијата.

Затоа, фактот дека и човечките суштества и животните имаат иста органска структура е доволен како доказ дека се било создадено и дизајнирано од Бога Создателот. Доколку Господ не беше единствениот Бог туку беше еден меѓу многу Богови, суштествата би имале различен број на органи и различни телесни структури и позиции.

И покрај тоа, кога подобро ќе погледнете во природата и универзумот, може да најдете дури и повеќе докази за создавањето во нив. Колку е прекрасно да знаеш дека сите нешта во сончевиот систем како што е вртењето и ротацијата на земјата работат без најмала грешка! Погледнете во часовникот на вашиот зглоб. Во него има голем број на сложени делови. Тој нема да функционира ако недостасува дури и најмалиот дел. Затоа, овој универзум бил создаден да функционира според провидението на Бога.

На пример, ниту човекот ниту некоја друга форма на живот може да постои без месечината која се врти околу земјата. Месечината не може да биде позиционирана малку подалеку или поблиску од земјата отколку што е нејзината сегашна позиција. Господ ја наместил на соодветна оддалеченост за човекот да може да живее на земјата.

Поради сегашната позиција на месечината, нејзината гравитациска сила ги предизвикува плимата и осеката на морињата. Плимата предизвикува морето да се раздвижи и прочисти. Исто така, сите нешта во универзумот биле направени да се движат точно според провидението на Бога.

Зошто некои не веруваат во Бог Создателот?

Некои луѓе веруваат во Бог Создателот и живеат според Неговото Слово. Зошто луѓето, кои можат да размислуваат и да бараат да најдат одговори за се во науката, не веруваат во Бог Создателот?

Ако сте научиле дека Бог е жив и Семоќен Создател од верните Христијани уште од детството, нема да биде тешко да верувате во Бог Создателот.

Сепак, денес, многумина од вас се под влијание на еволуционизмот од адолесцентска возраст, и има многу "знаење" што не мора секогаш да е вистина. Вие исто така се дружите со такви кои не веруваат во Бога или се сомневаат во Него.

Откако сте живееле во ваква средина, доколку одите во црква и го слушнете Словото Божјо, често ви се јавува сомнеж и конфликт и не можете да верувате во Бог Создателот бидејќи вашето претходно знаење е спротивно со она што учите и слушате во црква.

Се додека не се ослободите од мислите или знаењето кое сте го стекнале во светот дури иако одите во црква постојано, вие не можете да имате духовна верба – Верба создадена од Бога- што е надвор од секаков сомнеж.

Вие не можете да верувате во небесното царство или пеколот без духовна верба. Вие го сметате видливиот свет како единствен свет, и живеете на ваш сопствен начин.

Колку пати сте виделе некои теории, кои биле потврдени и прифатени на времето, дополнети или заменети од нова теорија подоцна? Дури и ако ова не е вистинскиот случај, вистина е дека конвенционалните теории и тврдења се подоцна постојано ревидирани или дополнети со новооткриени факти .

Како што поминува времето и науката напредува, луѓето имаат подобри објаснувања и теории дури иако тие не се совршени. Нема да речам дека истражувањата на многу научници се целосно погрешни.

Сепак има многу нешта на земјата кои не може да бидат објаснети со капацитетот на луѓето, па вие мора да го прифатите овој факт.

На пример, кога станува збор за универзумот, вие никогаш не сте биле на спротивната страна на универзумот во однос на земјата, ниту некогаш сте се вратиле во античко време. Сепак, луѓето се обидуваат да го објаснат универзумот со поставување различни хипотези и теории.

Пред човекот да се качи на месечината, ние претпоставувавме, "Можеби има некакви живи организми таму горе или организмите може да се некаде во сончевиот систем надвор од земјата." Сепак, по патувањето на човекот на месечината, ни беше објавено, "Нема живи организми таму." Денес, научниците велат, "Има можност за живи организми на Марс" или "Има некакви траги од вода на Црвената Планета."

Дури и ако сте истражувале долго време и сте го зголемиле вашето знаење, доколку не ја знаете волјата, провидението и силата на Бог Создателот, ќе завршите соочувајќи се со ограничувањето на човечкиот капацитет.

Затоа, во Римјани 1:20 се вели дека *"Оти она, што е во Него невидливо, односно вечната Негова сила и Божеството, се гледа уште од создавањето на светот, гледани според нивните сознанија, па така тие немаат изговор."*

Секој кој ќе го отвори своето срце и ќе медитира може да ја почувствува силата на Бога и Неговата божествена природа преку творбите како што се сонцето, месечината, и ѕвездите – објекти низ кои Бог ви дозволува да го видите Неговото постоење и да верувате во Него.

Јас Сум Оној Кој Вечно Постои

Слушајќи за Бога Создателот, многу луѓе може да се запрашаат, "Како Тој постоел на почетокот?" "Од каде дошол Тој?" или "Со каков изглед Тој постоел?"

Знаењето на човекот и мислата не можат да поминат одредена граница, што укажува дека треба да постои почеток и крај за сите суштества. Поради тоа, бараме јасни одговори на ваквите прашања. Сепак, Бог постои надвор од човечкото разбирање, па Тој е кој "Бил," "Е," и "Ќе Биде."

Исход 3 прикажува сцена во која Бог му наредува на Мојсеј да ги води Израелците во земјата Хананска. Мојсеј пак го прашува Бога како да им одговори на Израелците ако го прашаат за името на Бога.

Во овој миг, Бог му кажува на Мојсеј, *ЈАС СУМ ОНОЈ КОЈ ВЕЧНО ПОСТОИ,* и му наредува да им рече на Израелците, *"Оној кој вечно постои ме испрати кај вас"* (Исход 3:14).

"ОНОЈ КОЈ ВЕЧНО ПОСТОИ" е фраза која Бог ја употребува кога се однесува на Него лично, и значи дека никој не го родил Него, или го создал Него, туку Тој е совршено суштество, Создателот Самиот.

Бог беше Светлина со Глас на Почетокот

Јован 1:1 пишува, *"Во почетокот беше Словото и Словото беше во Бога, и Бог беше Словото."* На овој начин, Бог кој беше Словото на почетокот беше суштество кое постоело сосема само без да биде создадено. Како и каде Тој постоел?

Бог е Дух, па така Тој бил во обликот на Словото во

четвртата димензија, духовното кралство, не во третата димензија која е видлива. Бог не постои во некаква форма туку како длабока и прекрасна светлина со чист и јасен глас, и Тој владеел со целиот универзум.

Така, 1 Јован 1:5 вели, *"А Евангелието, пак, што го чувме од Него и вам ви го предаваме, е тоа дека Бог е светлина, и во Него нема никаква темнина."* Тоа има духовно значење и претставува изразување на карактеристиките на Бога кој беше светлината на почетокот.

На почетокот, Бог постоел како светлина со глас во неа. Неговиот глас е чист, сладок, и мек, и одѕвонува низ целиот универзум. Оние кои некогаш го слушнале гласот на Бога лично можат да го разберат ова.

Бог беше Сам Пред Сите Векови

Бог Создателот постоел пред сите векови, планирал да ги подигне Неговите вистински духовни чеда и продолжил со тоа. Затоа, ако најпосле го разберете Бог ОНОЈ КОЈ ВЕЧНО ПОСТОИ, треба да ги срушите сите ваши сопствени начини на мислење, теории, и стереотипи и понатаму треба да ги прифатите делата на созданието што Бог ги направил.

За разлика од нештата создадени од Бога, нештата направени од човекот имаат нивни ограничувања и недостатоци. Како што знаењето и човечката цивилизација постојано напредуваат, се прават подобри производи но тие сепак имаат многу недостатоци.

Некои прават идоли од злато, сребро, бронза, и метал и ги нарекуваат богови пред кои тие се поклонуваат и се молат за благослови. Тие се само дрвени, метални, или камени форми кои не можат да дишат, зборуваат, па дури ни да трепкаат со очите (Авакум 2:18-19).

Иако тие тврдат дека се мудри, луѓето всушност не можат да направат разлика помеѓу вистинското и лажното, туку порадо прават некои облици и ги нарекуваат нивни богови кои ги обожуваат (Римјаните 1:22-25). Колку глупаво и срамно е ова?

Оттука, ако луѓето обожувале или служеле на бесплодни богови бидејќи не биле упатени кон Бога, тие треба искрено да се покајат за тоа, да го обожуваат Бог ОНОЈ КОЈ ВЕЧНО ПОСТОИ, и да ги извршуваат своите должности како Негови чеда.

Бог е Сезнаен и Семоќен

Бог Создателот кој го создал целиот универзум е совршено суштество кое постоело пред сите векови, и Тој е сезнаен и семоќен. Библијата бележи бројни чуда и знаци кои не можат да бидат извршени со силата и знаењето на човештвото.

Овие моќни дела на сезнајниот и семоќниот Бог кој е истиот вчера и денес се случуваат во текот на Новиот Завет како и во Стариот Завет низ многу Божји луѓе кои ја поседувале Неговата моќ.

Така е бидејќи како што Исус кажува во Јован 4:48, *"Ако не видите знаци и чудеса, нема да поверувате"* луѓето не веруваат освен ако не ги видат делата на Семоќниот Бог.

Бог Покажува Прекрасни Чудеса и Знаци

Исход детално забележува како сезнајниот и семоќниот Бог изведува прекрасни чудеса и знаци преку Мојсеј додека Тој ги извадил Израелците од Египет и ги донел во земјата Кананска.

На пример, кога Бог го пратил Мојсеј кај Фараонот, кралот на Египет, Тој истурил Десет Страдања врз него и неговиот народ, направил Израелците да одат по суво копно со тоа што го поделил Црвеното Море и ја збришал престрашената Египетска армија со немирните бранови.

Дури и по Исход, вода почна да извира од карпа кога Мојсеј ја удри со неговиот стап, горчливата вода се претвори во слатка вода, и мана почна да паѓа од небесата за милиони луѓе да може да преживеат без да се грижат за храна.

Подоцна во Стариот Завет, гледаме како Бог го овластува Илија да проповеда триполгодишна суша, да може повторно да заврне преку неговата молитва, и да ги оживува мртвите.

Во Новиот Завет, гледаме како Исус, Синот Божји, го оживува Лазар кој бил мртов четири дена, ги отвара очите на слепите, и исцелува многу луѓе со различни болести, слабости, и зли духови. Тој одел по вода и ги смирувал ветрот и брановите.

Бог изведуваше неверојатни чудеса преку рацете на Павле, па така кога шамивчиња или престилки беа носени од неговото тело до болните, болестите ги напуштаа и злите духови излегуваа (Дела на Светите Апостоли 19:11-12). Бројни знаци го следеа Петар кој беше еден од најдобрите ученици на Исус. Луѓе носеа болни по улиците и ги легнуваа на кревети и подлоги па така барем сенката на Петар да може да падне на некои од нив додека поминува (Дела на Светите Апостоли 5:15).

Покрај тоа, Бог изведуваше чудеса и прикажуваше знаци преку Стефан и Филип во Библијата, и Тој продолжи да ги прикажува преку нашата црква дури и денес.

Бог е Авторот на Библијата

Бог е Дух, па така Тој е невидлив но секогаш се покажува Себеси на многу начини. Бог обично се открива Себеси преку природата и особено преку сведочењата на луѓето кои се излекувани и добиле одговори од Него. Тој исто така се открива Самиот себеси во детали преку Библијата.

Оттука, преку Библијата, може да го осознаете вистинскиот Единствен Бог, да го запознаете Него и да примите спасение и вечен живот со остварувањето на делата Божји. Како дополнение, може да живеете успешен живот и да го славите Бога со разбирање на срцето на Бога и сфаќајќи како да го сакаш Него и како да бидеш сакан од Него (2 Тимотеј 3:15-17).

Светото Писмо е Вдахновено од Бога

2 Петар 1:21 кажува *"Оти никогаш според човечката волја не е изречено пророштво, туку светите Божји луѓе зборувале просветувани од Светиот Дух,"* и 2 Тимотеј 3:16 пишува *"Целото Писмо е од Бога вдахновено."* Ова значи дека Библијата од Битие до Откровение е Слово Божјо кое било напишано само според волјата Божја.

Затоа, има многу фрази како "Бог вели," "ГОСПОД вели," и "ГОСПОД Бог вели." Ова потврдува дека Библијата не е Слово на човек туку на Бога.

Библијата има шеесет и шест книги кои се состојат од триесет и девет книги од Стариот Завет и дваесет и седум книги од Новиот Завет. Бројот на писатели е проценет на 34. Периодот на пишување на Библијата се протега од 1500 година пр.Хр. до 100 година по Хр., односно околу 1,600 години. Она што е прекрасно е тоа дека дури иако многу различни автори ја пишувале, Библијата во целост е комплетно кохерентна од почетокот до крајот, и секој стих се совпаѓа со другите стихови.

Така Исаија 34:16 пишува, *"Најдете во Книгата ГОСПОДОВА и прочитајте; ниедно од тие нема да одмине, едно со друго нема да се замени. Оти самата Негова уста заповеда, самиот дух Негов ќе ги собере."*

Ова можело да се случи бидејќи оригиналниот писател на Библијата е Бог, бидејќи Светиот Дух управувал со срцата на писателите и ги собрал Словата заедно. Она што треба да го запомните е дека авторите на Библијата се само анонимни писатели кои пишуваат за Бога и оригиналниот писател на Библијата е Бог.

Да земеме еден пример. Претпоставете дека една постара мајка живее во рурална средина. Му праќа писмо на најмладиот син кој студира во градот. Таа е неписмена, па така ја изговара пораката на нејзиниот постар син. Кога помладиот син во градот ќе го добие писмото, ќе мисли дека мајка му му го испратила писмото, не дека тоа го сторил постариот брат, дури иако навистина било напишано од неговиот брат. Многу е слично и со Библијата..

Божјото писмо исполнето со Љубов, Благослови и Ветувања

Библијата беше напишана од слуги на Бога исполнети со Духот со цел да се открие Бог Самиот. Вие мора да верувате во фактот дека е Слово на верниот Бог кој се открил Самиот себеси.

Словото Божјо е дух и живот (Јован 6:63), па така секој кој ќе слушне и поверува ќе се здобие со вечен живот, со неговата душа примајќи изобилен живот. Секој кој верува и го почитува Словото Божјо ќе ужива просперитетен живот и ќе биде совршен човек Божји следејќи го Исус Христос.

Бог дојде на земјата во тело за да се покаже Себеси на човештвото, а тоа тело беше Исус. Филип, ученикот на Исус, не знаеше за ова и побара од Исус да му го покаже Бог нему. Тој не успеа да согледа дека Исус беше олицетворениот Бог, за да се исполни изреката која вели, "Светилникот не свети на неговата основа."

Јован 14:8 и следниов стих го претставуваат дијалогот помеѓу Филип и Исус:

Филип Му рече: Господе, покажи ни Го Отецот и доста ни е! Исус му одговори: Толку време сум со вас и не си ли ме познал Филипе? Кој ме видел Мене, го видел Отецот, и како ти велиш: Покажи ни го Отецот? Не верувете ли дека Јас сум во Отецот, и дека Отецот е во Мене? Зборовите што Ви ги кажувам, од Себе не ги зборувам; а Отецот Кој е секогаш во Мене Он ги врши делата. (Јован 14:8-10).

Иако Исус изнел убедливи докази дека Тој и Бог се едно со изведување чудеса кои би биле невозможни без силата на Бога, Филип сакал Исус да му го покаже Отецот. Исус му рекол да верува во Неговото учење со докази за самите чуда.

Бог дојде на овој свет како човек со цел да се покаже Себеси и Бог ја беше напишал Библијата бидејќи обично е невозможно луѓето да го видат Него со човечки очи.

Оттука, вие може да ги имате благословите и одговорите кои Бог ги ветил во Библијата кога имате скапоцено дружење со живиот Бог преку Библијата, ја знаете Неговата волја и провидение, и се придржувате кон Неговото Слово.

Секој Збор во Библијата е Вистина

Историските записи ви овозможуваат да имате сознанија за луѓето или настаните во точно одредено време во минатото. Историјата е една сметка со забележани промени низ времињата и ви овозможува да знаете во детали за одредени работи, луѓе, или за условите за живот во тие времиња.

Историјата на човештвото докажала дека Библијата е вистинита. Се наоѓате себеси како гледате дека Библијата е историска и реална, особено кога внимателно ќе погледнете на настаните, луѓето, местата, или обичаите запишани во Библијата.

Бидејќи Стариот Завет навистина бил предаван врз основа на објективни факти како што се важни или тривијални делови на информации кои се случиле на поединци, луѓе, или групи од времето на Адам и Ева, Израел го сметал Стариот Завет како свет и историски документ на нивниот народ и наследство до денешен ден. Дури многу историчари ја признаваат Библијата како сигурен извор.

Историски Докази за Вистинитоста на Библијата

Најпрво, засновано на Библијата, би сакал да ја споделам историјата на Израел со вас и да докажам дека Словото Божјо во Библијата е вистина.

Адам прататкото на човечките суштества му згрешил на Бога, па така неговите потомци сите човечки суштества потоа тргнале по патот на гревот и живееле без да го осознаат Бога, нивниот Создател. Токму тогаш, Бог избрал еден народ и планирал да ја открие Неговата волја и провидение преку него.

Прво, Бог го повикал Авраам кој имал најдобар "капацитет на срцето," го рафинирал и го назначил за татко на верба. Авраам му бил татко на Исак, Исак татко на Јаков, а Бог го нарекол Јаков "Израил" и направил дванаесет племиња од неговите дванаесет сина.

Кога Јаков бил жив, Бог го однел во Египет и му овозможил да создаде народ со зголемување на неговите потомци и најпосле ги одвел во земјата Кананска.

Бог му го дал на Мојсеј Законот во текот на неговиот престој во пустината, ги обучил Израелците да живеат според Неговото Слово, и ги водел само според Неговото Слово.

Откако биле доведени во земјата Кананска, тие успевале само кога го почитувале Законот. Кога Израел им служел на идоли и правел зла, силата на неговиот народ опаѓала и страдал од напади на туѓинци. Израелците биле затворени или поробени. Кога се покајувале, нивниот народ се обновувал. Овој циклус се повторувал повторно и повторно.

Така, Бог им покажал на сите човечки суштества преку историјата на Израел дека Бог е жив и Тој управува со Неговото Слово.

Вие исто така може да видите дека пророштвата во Библијата се исполнети или се во процес на исполнување. На пример, во Лука 19:43-44, Исус укажува на падот на Ерусалим, велејќи:

Зашто ќе дојдат денови за тебе и непријателите твои ќе те опкружат со окопи и ќе те опколат, и ќе те притеснат од сите страни; и ќе те разрушат тебе и ќе ги избијат децата твои во тебе и нема да оставaт камен на камен од тебе, оти не си го позна времето, кога беше посетен.

Во овие стихови „Исус мислел како градот Ерусалим ќе биде уништен поради нивното зло кое се зголемувало. Пророштвото било исполнето во 70 година по Хр., кога Генералот Тит од Римската Империја им заповедал на своите луѓе да изградат окоп против Ерусалим, да го заобиколат, и да убијат многу луѓе внатре во sидот. Ова се случило само четириесет години по пророштвото на Исус.

Исус вели во Матеj 24:32, *„Со смоквата направете споредба: штом се подмладат нејзините гранки и пуштат лисја, знаете дека е близу летото.“* Смоквиното дрво овде го симболизира народот на Израел, и оваа парабола не учи дека Израел ќе биде независен кога ќе се наближи Исусовото Второ Доаѓање. Најпосле, историјата тврди дека ова слово на Бога се исполнува кога Израел кој паднал во 70 година по Хр. бил чудесно возобновен на 14 мај 1948 година - 1900 години по уништувањето.

Пророштвото на Стариот Завет и Неговото Исполнување во Новиот Завет

Сведочам дека Словото Божјо во Библијата е вистина со

проучување како пророштвото од Стариот Завет било
исполнето низ времињата од Новиот Завет.

Законот на Стариот Завет не беше совршениот начин за
"здобивање со вистински чеда Божји." Тоа беше само сенка
на претставувањето на Бога. Поради тоа Бог го ветил
доаѓањето на Месијата преку Стариот Завет. Кога дошло
времето, Тој го испратил Исус Христос на овој свет за да го
одржи ветувањето.

Очигледно е дека Исус дошол на земјата пред околу 2,000
години. Западната историја е широко поделена на две групи
според раѓањето на Исус. "Пр.Хр." стои за Пред Христа,
значи историјата пред времето на Исус, додека "По Хр." стои
за По Христа што значи "по раѓањето на нашиот Господ."
Дури и самата историја го потврдува раѓањето на Исус.

Прво да погледнеме во Битие 3:15:

> *И ставам непријателство меѓу тебе и жената и*
> *меѓу родот твој и породот нејзин. Он ќе ти ја гази*
> *главата, а ти ќе го каснуваш во петата.*

Стихот пророкува дека нашиот Спасител, како
потомство на жената, ќе дојде и ќе ја уништи власта на
смртта. "Жена" во овој дел значи Израел. Всушност, Исус
дошол на земјата како син на Јосиф кој му припаѓал на
племето на Јуда од Израел (Лука 1:26-32).

Во Исаија 7:14 пишува, "*Затоа Самиот ГОСПОД ќе ви*
даде доказ: ете, Девица ќе зачне и ќе роди Син, и ќе Му го
дадат името Емануел."

Ова се однесува на тоа дека Синот Божји ќе биде испратен за искупување на гревовите на човештвото преку зачнување од Светиот Дух. Навистина, Исус беше роден од Дева Марија преку Светиот Дух (Матеј 1:18-25).

На Исус му беше проречено да биде роден во областа на Витлеем, како што пишува во Михеј 5:2:

И ти, Витлееме Ефратов, иако си најмал меѓу илјадниците Јудејци, од тебе ќе ни излезе Оној кој треба да владее во Израилот и чие потекло е од почетокот, од вечноста.

Исполнувајќи го ова Слово, Исус беше роден во Витлеем, Јудеја во текот на владеењето на Кралот Ирод. Дури и историјата го потврдува ова.

Колежот на многу невини деца од страна на Кралот Ирод, во времето на Исусовото раѓање (Јеремија 31:15; Матеј 2:16), Исусовото влегување во Ерусалим (Захарија 9:9; Матеј 21:1-11), и Исусовото искачување во рајот (Псалм 16:10; Дела на Светите Апостоли 1:9) беа пророкувани и исполнети соодветно.

Како дополнение, предавството на Јуда Искариотски, кој го следел Исус три години (Псалм 41:9) и неговото предавање на Исус за триесет сребреници (Захарија 11:12) беа исто така проречени и исполнети.

Така можете да верувате дека Библијата е вистината и дека навистина е слово на Бога, особено кога гледате дека сите пророштва во Стариот Завет беа точно исполнети.

Пророштва од Библијата кои Треба да се Исполнат

Бог го направи Исус Христос наш Спасител со исполнувањето на сите пророштва од Стариот Завет во текот на Новиот Завет. Секој дел од пророштвата за Исус, текот на историјата на Израел, и историјата на човештвото беа исполнети без ниту една грешка. Контролата на светската историја води до сознание дека сите зборови на пророштво во Библијата се исполниле и ќе се остварат.

Пророците и во Стариот Завет и во Новиот Завет пророкуваа за растот и падот на светска сила, уништувањето и повторното изградување на Ерусалим, и идните случувања поврзани со важни личности. Многу пророштва во Библијата биле исполнети и сега се исполнуваат, и луѓето доправа ќе го видат Исусовото Второ Доаѓање, Грабнувањето во Облаците, Царството од илјада години, и Судењето на Големиот Бел Престол. Нашиот Господ сега го подготвува вашето место како што Тој ветил (Јован 14:2), и Тој наскоро ќе ве однесе на едно вечно место.

Нашиот свет сега пати од глад, земјотреси, ненормални временски услови и колосални несреќи. Не треба да го сфаќате тоа како совпаѓање туку наместо тоа сфатете дека Исусовото Второ Доаѓање се наближува (Матеј 24:3-14). Треба да достигнете целосно спасение со тоа што сте будни и украсени самите како невеста.

Глава 2

Бог го Создаде и го Култивира Човекот

- Бог ги Создаде Човечките Суштества
- Зошто Бог ги Култивира Човечките Суштества?
- Бог го Издвојува Житото од Плевелот

И го создаде Бог човекот според образот Свој, според образот Божји го создаде; машко и женско ги создаде. И ги благослови Бог и им рече, "Плодете се, и множете се, и наполнете ја земјата, и господарете над неа, и овладајте ги рибите морски, и ѕверовите, и птиците, и сиот добиток, и со целата земја, и со сите животни што лазат по земјата."

Битие 1:27-28

Најмалку еднаш во вашиот живот, веројатно сте си поставиле фундаментални прашања како што се потеклото, одредиштето, целта, и значењето на животот. Тогаш се обидувате да добиете одговори. Многу луѓе се обидуваат со различни методи да ги решат овие проблеми но се случува да умрат без да добијат некакви суштински одговори

Светски познатите мудреци како што се Конфучие, Буда, или Сократ исто така тежнееле да ги добијат овие фундаментални одговори. Конфучие се фокусирал на моралните норми, кои нагласувале дека совршената доблест се смета како етички идеал, и придобил многу следбеници. Буда вршел покајание долго време за да успее да се воздигне надвор од материјалното постоење. Сократ бил во потрага по вистината на негов сопствен начин и го барал вистинското знаење.

Ниту еден од нив, сепак, не можел да најде постојано, фундаментално решение, да ја достигне автентичната вистина, или да се здобие со вечен живот. Така беше бидејќи вистината скриена пред создавањето на светот е нешто духовно кое е невидиво и недостижно. Не можете да најдете јасни одговори за животот се додека не го разберете провидението на Бог Создателот за човечката култивација.

Бог ги Создаде Човечките Суштества

Мистериозното образување на органи и клетки и ткива во човековото тело е неизмерливо. Бог кој го создал човекот на овој начин сака да добие вистински чеда со кои Тој ќе може да сподели љубов засекогаш и повеќе. За оваа цел, Бог направил човек според Неговиот образ и налик на Него го и култивирал човекот и подготвил рај.

Тогаш, како Бог ги создал сите нешта во универзумот и го создал човекот?

Шестдневното Создавање на Бога

Битие 1 убаво го опишува процесот во текот на кој Бог ги создал небесата и земјата за шест дена. Бог рече, *"Нека биде светлина,"* и би светлина (Битие 1:3). Потоа Тој рече, *"Нека се собере водата, што е под небото, на едно место и нека се појави суво!,"* и ние знаеме дека стана така (Битие 1:9). И така натаму.

Како што е речено во Евреите 11:3, *"Преку верата разбираме дека вековите се установени со збор Божји и дека од невидливото произлегло видливото,"* Бог го создал целиот универзум со Неговото Слово.

Бог ја создал светлината на првиот ден, и го создал небесното пространство на вториот ден. Третиот ден, кога Бог рекол, *"Нека се собере водата, што е под небото на едно место, и нека се појави суво"* (с.9), така стана и Бог го нарече сувото земја, а собраните води Тој ги нарече мориња.

Тогаш Бог рече, *"Нека израсте од земјата зеленило - трева, што дава семе, според својот род и вид, и дрво плодородно на земјата што дава плод и има во себе семе, според својот род и вид"* (с.11), земјата роди вегетација, растенијата даваа семиња по нивниот вид, и дрвјата носеа плод со семки во нив, од нивниот вид. На четвртиот ден, Тој го создаде сонцето, месечината, и ѕвездите на сводот небески, и дозволи сонцето да управува со денот, а месечината да управува со ноќта. На петтиот ден, Тој ги создал суштествата на морето и сите живи и нешта кои се движат со кои водата изобилува, според нивните видови, и секоја крилеста птица според нејзиниот вид. На шестиот ден, Тој го создал добитокот, нештата кои се движат по земјата, и дивите животни, сите според родот нивни.

Човекот Создаден според Образот Божји

Бог Создателот подготвил една средина за шест дена во која човекот можел да живее, и тогаш го создал човекот според Неговиот образ. Го благословил човекот како господар на сите суштества, и му кажал да ги потчини и да владее над нив.

И го создаде Бог човекот според образот Свој, според образот Божји го создаде; машко и женско ги создаде. И Ги благослови Бог и им рече: "Плодете се и множете се, и наполнете ја земјата, и господарете над неа, и овладајте ги рибите

морски, и ѕверовите, и птиците, и сиот добиток, и
со целата земја, и со сите животни што лазат по
земјата." (Битие 1:27-28).

Како, тогаш, Бог го создал човекот?

А го создаде ГОСПОД Бог човекот од прав земен,
и му дувна во лицето дух животен; и човекот стана
жива душа. (Битие 2:7).

Во овој стих, прав се однесува на глина. Вешт грнчар
користејќи квалитетна глина, прави сивозелен порцелан или
бел порцелан со голема парична вредност. Спротивно на
ова, некои други грнчари прават неглазирана керамика,
керамиди, или цигли.

Вредноста на парче од грнчаријата главно зависи од тоа
кој го направил, колку вешто било направено, каков вид на
глина бил употребен, и каков вид на керамика е. Бидејќи
Семоќниот Бог Создателот создал човек според Неговиот
образ, колку прекрасно ли го направил Тој тоа ?

Откако создал човек според Неговиот образ од правта,
Бог му вдахнал во ноздрите здив на животот, односно,
животна енергија. Тогаш човекот станал жив дух.. Здивот на
животот е сила, моќ, енергија, и дух на Бога.

Бог Вдахна Здив на Живот во Човекот

Кога ќе помислите за процесот на емитување на

флуоросцентната светлина, можете полесно да го разберете процесот дека човекот е создаден како жив дух. Доколку сакате да направите флуоресцентната светлина да зрачи, прво морате да имате добар извор на таква светлина, а потоа истиот да го вклучите. Сепак, тој не може да зрачи светлина се додека не го вклучите електричното напојување.

Телевизорот во вашиот дом работи на истиот начин. Не можете да видите ништо на екранот пред да го вклучите, но штом еднаш го вклучите вие можете да видите и слушнете различни видови на ликови и звуци. Можете да ги направите видливи сликите на екранот единствено со вклучување на телевизорот. Сепак, во внатрешноста на телевизорот, поединечните делови се составени на многу комплициран начин.

На сличен начин, Бог го создал не само изгледот на човекот туку исто така и внатрешните органи и коските во него од состојките на земјата. Тој ги создал вените низ кои тече крвта и нервен систем што совршено ги извршува неговите функции.

Силата Божја може да ја претвори правта во нежна кожа ако или кога Тој сака. Исто како вклучувањето на електричниот тек, Тој го вдахнал здивот на животот во човекот. Тогаш крвта во него почнала да циркулира, и тој можел да дише и да се движи.

Дополнително, бидејќи Бог создал мемориски единици во мозочните клетки на луѓето, луѓето внесуваат и паметат што слушнале и почувствувале во мозочните клетки. Тоа што е внесено и запаметено станува знаење, а знаењето се репродуцира како мисли. Кога го користите складираното знаење во животот, го нарекувате мудрост.

Човечките суштества, иако едноставни суштества, ја зголемиле својата мудрост и знаење, и имаат развиено сложена научна цивилизација. Сега, тие го истражуваат универзумот и прават компјутери и внесуваат обемни информации во нив или повторно ги создаваат и така тие се стекнуваат со значителни познавања преку компјутерите, токму како што Бог ги создал мемориските единици во мозочните клетки. Тие постигнале толкав напредок што создале компјутери со вештачка интелигенција кои може да ги препознаат буквите или човечкиот глас и може да комуницираат со други. Тие ќе стануваат се понапредни и понапредни како што минува времето.

Колку полесно мора да било за Семоќниот Бог Создателот да созд аде човек од правта на земјата и да го вдахне здивот на животот за да го оживее! Лесно е за Бога кој може да направи нешто од ништо, но тоа е толку чудесно и несфатливо за човекот (Псалм 139:13-14).

Зошто Бог ги Културира Човечките Суштества?

Исус нé учеше за провидението Божјо низ многу параболи. Бидејќи духовното кралство не може да се разбере со човечкото знаење, Тој користеше овоземски нешта во параболите за да ги сфатиме пораките.

Многу од нив се занимаваат со култивирањето. Како пример, тука е параболата за сејачот (Матеј 13:3-23; Марко 4:3-20; Лука 8:4-15), параболата за синаповото семе (Матеј 13:31-32; Марко 4:30-32; Лука 13:18-19), параболата за плевелот на полето (Матеј 13:24-30, 36-43), параболата за лозјето (Матеј 20:1-16), и параболата за лозарите (Матеј 21:33-41; Марко 12:1-9; Лука 20:9-16).

Овие параболи ни покажуваат дека, како што земјоделците го чистат земјиштето, засадуваат семиња, ги одгледуваат и вршат жетва, Бог ги создава и ги култивира човечките суштества на земјата и ќе го издвои житото од плевелот.

Бог Сака да Сподели Вистинска Љубов со Неговите Чеда

Бог нема само божественост туку исто така и човечност. Божественоста е моќ или сила на сезнајниот и семоќниот Бог Создателот, а човечноста е умот на човекот. Така, Бог го создал и управува со целиот Универзум, човечката историја и животите. Тој исто така чувствува радост, гнев, тага и задоволство, и сака да ја сподели љубовта со Неговите чеда.

Библијата ни покажува навистина многу пати дека Бог има личност налик на човечките суштества; Бог ги поздравува и благословува луѓето кога тие создаваат според образот Божји, прават што е исправно, но Тој тагува и негодува во гнев кога тие прават гревови. Желбата на Бога да комуницира со Неговите чеда и да им доделува добрини често е искажана во Словото Божјо.

Ако Бог имал само божествени особини, Тој немал потреба да се одмара по шесте дена од создавањето на универзумот, и не би посакал да се дружи со нас, велејќи, *"Молете се постојано"* (1 Солуњаните 5:17), и *"Повикај кон Мене и Јас ќе ти одговорам, ќе ти покажам нешто големо и недостапно, нешто што ти не го знаеш"* (Јеремија 33:3).

Понекогаш сакате да бидете сами, но можете да бидете посреќни кога сте со пријател истомисленик кој може да ја сподели неговата или нејзината љубов со вас. Така, Бог го создал човекот според Неговиот образ бидејќи Тој сакал да ја сподели љубовта со некого. Тој ги култивира човечките духови на оваа земја бидејќи сака вистински чеда кои може да го разберат Неговото срце и да го љубат Него од нивните срца.

Бог Сака Чеда кои го Почитуваат според Нивната Слободна Волја

Некој може да се запраша зошто Бог ги создал човечките суштества и ги подига истите иако има толку многу послушни ангели и небесни сили во рајот. Сепак, најмногу од ангелите немаат човечки особини што се најважни за споделување љубов. Со други зборови, тие немаат слободна волја самите да изберат. Тие ги почитуваат наредбите добро како роботи, но тие не можат да почувствуваат радост, гнев, тага или задоволство како човечките суштества. Поради тоа, тие не може да ја споделат љубовта со Бога од дното на нивните срца.

На пример, да претпоставиме дека имате две деца. Едно од нив само ги следи вашите наредби без да изрази никакво чувство, мислење, или љубов како добро програмиран робот. Другото понекогаш ги повредува вашите чувства но веднаш потоа се кае за неговите или нејзините дејствија, слатко се беси на вас и ги изразува чувствата на неговото или нејзиното срце на многу начини. Тогаш, кое ќе го сакате повеќе? Се разбира, ќе речете второто.

Да претпоставиме дека имате робот што готви, ја чисти куќата и ви служи. И да е така, вие не го сакате роботот повеќе од вашите деца. Без разлика колку напорно роботот може да работи за вас и од колкава помош може да биде, тој не може да го заземе местото на вашите деца.

Така, Бог ги претпочита човечките суштества кои радосно го почитуваат Него според нивната слободна волја со причини и емоции повеќе од ангелите и небесните сили кои дејствуваат како роботи. програмирани на покорност. Тој им ја дава на човечките суштества слободната волја и Неговото Слово. Потоа Тој ги подучува што е добро и зло и кој е патот на спасението или смртта, Тој чека стрпливо додека Тие не станат вистински чеда.

Божјата Култивација на Човештвото со Родителска Посветеност

Напишано е во Битие 6:5-6 дека "И виде ГОСПОД дека

лошотиите меѓу луѓето на земјата се големи, и дека сите мисли и помисли во срцата нивни беа зли во секое време. И се покаја ГОСПОД што го беше создал човекот на земјата, па се огорчи во срцето Свое."

Дали ова значи дека Бог не го знаел овој факт кога го создал човекот? Го знаел тоа, во потполност. Бог е сезнаен и семоќен па така Тој морал да знае се пред сите векови. Сепак, го создал човештвото и почнал да го култивира.

Ако сте родители, вие можеби ова ќе го разберете полесно. Колку е тешко да се родат децата и да се одгледуваат! Кога жената е бремена, многу видови на болки и непријатности како што се гадење и повраќање следат низ деветте месеци. При времето на породување, мајката чувствува голема болка. Да се нахранат, облечат и воспитаат децата, родителите се подложуваат на големи напори и деноноќно трудољубиво работат. Кога децата се враќаат дома доцна, родителите се грижат за нив. Кога се разболуваат, нивните родители чувствуваат поголема болка отколку децата.

Зошто родителите ги одгледуваат своите деца без оглед на сите такви болки и напори? Причината е родителите сакаат нешта со кои може да ја споделат љубовта, именно кои што може да почувствуваат родителска љубов и да ги љубат нивните родители од нивните срца. За родителите, дури и таквите болки предизвикуваат среќа. Уште повеќе, доколку децата се многу слични на нивните родители, колку се тие прекрасни! Секако, сите деца не може да бидат послушни кон нивните родители. Некои деца ги сакаат и почитуваат родителите, но некои ги растажуваат.

Исто така, знаејќи ги сите болки при одгледувањето на децата, родителите не се осврнуваат на таквите нешта како што се болките. Наместо тоа, тие вложуваат значителни напори, очекувајќи нивните деца да израснат напредни и да бидат нивна радост. На истиот начин, Бог знаел дека човечките суштества нема да послушаат, дека ќе станат корумпирани и ќе предизвикаат тага, но Тој исто така знаел дека ќе има некои искрени чеда кои ќе ја споделат љубовта со Него. Затоа, Бог ги создал човечките суштества и доброволно ги подигал.

Бог Сака да биде Славен од Неговите Вистински Чеда

Бог ги култивира човечките духови на земјата не само да се здобие со вистински чеда туку исто така да се прослави преку нив. Бог може да добие слава од големо мноштво на ангели и небесни сили дури и премногу. Сепак, она што Тој навистина го сака е да биде славен од Неговите култивирани, вистински чеда од длабочините на нивните срца.

Бог вели во Исаија 43:7 дека *"Секого кој се нарекува со Моето име, кого Сум го создал за Мое прославување, Ги создадов и направив,"* и ве упатува во 1 Коринтјаните 10:31, *"И така, јадете ли, пиете ли, или нешто друго правите, сето тоа правете го за слава Божја."*

Бог е Создателот, Љубовта и Правдината. Тој го даде Неговиот еден и единствен Син да не спаси, и го подготви рајот и животот вечен. Тој е повеќе од достоен да се прославува. Покрај тоа, Тој сака да им ја врати славата на оние што го слават Него

Поради тоа, вие треба да станете вистински Божји чеда кои може да ја споделат љубовта со него засекогаш преку разбирањето зошто Бог сака да биде прославуван преку Неговите духовно-култивирани чеда.

Бог го Издвојува Житото од Плевелот

Земјоделците го култивираат земјиштето бидејќи тие сакаат да жнеат посеви во изобилие. Бог исто така ги култивира човечките духови на земјата за да добие вистински чеда кои не само што го љубат и прославуваат Него од нивните срца туку исто така ја споделуваат љубовта со Него во рајот вечно.

Секогаш има и жито и плевел при жетвата, така земјоделците го издвојуваат житото од плевелот, го собираат житото во нивните амбари, а го согоруваат плевелот со оган. На истиот начин, Бог ќе го издвои житото од плевелот на крајот на култивацијата на човечките духови:

Лопатата е во рацете Негови, и Он ќе го очисти гумното свое; и ќе Си го прибере житото во амбар, а плевелот ќе го изгори со оган што не гасне. (Матеј 3:12).

Затоа, мора цврсто да верувате дека Господ ги култивира човечките духови на земјата, и во времето одредено од Него тој ќе го собере житото – вистинските чеда – во рајот за вечен живот, но ќе го изгори плевелот со неизгасливиот оган на пеколот.

Тогаш, ајде да истражиме подлабоко каков вид на луѓе се претставени со жито и со плевел во погледот Божји, и каков вид на места се рајот и пеколот.

Житото и Плевелот

Житото ги симболизира оние кои го прифаќаат Исус Христос, чекорат во вистината, и ја споделуваат љубовта со Господа. Тие се чеда на светлината кои ја враќаат изгубената слика на Бога, и го чинат тоа што Бог заповеда.

Спротивно на ова, плевелот ги претставува оние кои не го прифаќаат Исус Христос, или оние кои тврдат дека веруваат но не живеат според Словото Божјо, следејќи ги нивните сопствени зли желби.

1 Тимотеј 2:4 го опишува нашиот Бог како оној *"Кој сака сите луѓе да се спасат и да ја познаат вистината."* односно Бог сака сите луѓе да бидат жито и да влезат во царството небесно. Бог се обидува да ве натера да го сфатите ова на многу начини и да ве одведе на патот кон спасението. Сепак, некои луѓе на крајот ја прекршуваат Божјата волја и провидението според нивната слободна волја. Овие луѓе не се повредни од ѕверовите пред Бога бидејќи тие ги имаат изгубено човечките вредности.

Земјоделците го согоруваат плевелот во оган или го користат како ѓубриво бидејќи доколку и житото и плевелот се приберат во амбарите, плевелот ќе скапе. Затоа, Бог нема да дозволи плевел во царството небесно каде што ќе биде житото. За разлика од животните, човекот има вечен дух бидејќи Бог го вдахнал здивот на животот во него кога го создал. Така Бог не може да го уништи плевелот, или да го претвори тоа количество во ништо.

Неизбежно е Бог да го собере житото во рајот и да им овозможи да живеат во вечна среќа и да го согори плевелот во неизгасивиот оган на пеколот засекогаш и секогаш. Затоа, мора да го имате овој факт во предвид со цел да не бидете фрлени во огнот на пеколот.

Убавината на Рајот и Ужасот на Пеколот

Од една страна, рајот е преубав за да може да се спореди со било што во овој свет. На пример, цвеќињата на овој свет брзо овенуваат, но цвеќињата во рајот ниту венеат ниту отпаѓаат бидејќи се во рајот е вечно. Патиштата се направени од чисто злато што е прозирно како стакло, Реката на Животот сјае како чист кристал што тече и куќите се направени од секакви видови на бесценети камења. Се е убавина која остава без зборови (погледнете во *Рај I & II*).

Од друга страна, пеколот е каде црвите не умираат и огнот не згаснува. Секој таму со оган ќе се осоли (Марко 9:48-49). Уште повеќе, постои езеро со огнен сулфур во пеколот што е седум пати поврело од огненото езеро

(Откровение 20:10, 15). Неспасените луѓе мора да живеат во езерото со неизгаслив оган или во езерото со огнен сулфур засекогаш. Колку ужасно и страшно е вечно да се живее таму (погледнете *Пекол*)!

Поради тоа, Исус вели во Марко 9:43 дека *"И ако те соблазнува раката твоја, отсечи ја; подобро е за тебе без рака да влезеш во животот, отколку да имаш две раце и да отидеш во пеколот, во неизгасливиот оган."*

Зошто мора Бог на љубовта да ги направи и ужасниот пекол и убавиот рај? Доколку на злите луѓе им се дозволи да влезат на место каде оние што се добри и мили на Бога ќе живеат, тоа ќе биде болно за добрите луѓе, а рајот ќе биде загаден од зло. Накратко, Бог го направил пеколот бидејќи ги сака човечките суштества и сака да им го даде на Неговите чеда само најдоброто.

Пресудата на Големиот Бел Престол

Токму како што земјоделецот сее семиња и ги жнее година по година, Бог ги култивира човечките духови откако Адам беше истеран од Градината на Едем и ќе го прави истото до повторното доаѓање на Исус.

Господ ја покажа Неговата волја на прародителите на верата како што е Ное, Авраам, Мојсеј, Јован Крстителот, Петар, и апостолот Павле. Денеска тој постојано ги култивира човечките духови преку Неговите свештеници и работници. Сепак, како што крајот неминовно доаѓа по почетокот, култивацијата на човечките духови нема да трае засекогаш.

2 Петар 3:8 ни вели, *"Но внимавајте возљубени, да не го изумите само тоа дека за Господа еден ден е како илјада години, а илјада години се како еден ден."* Исто како што Бог се одморил на седмиот ден после шесте дена на создавање на универзумот, доаѓањето на Исус и Новиот Милениум, времето на саботата Господова ќе дојде по шест илјади години по непослушноста на Адам. После тоа, преку пресудата на Големиот Бел Престол, Бог ќе му дозволи на житото да влезе во рајот, а ќе ја фрли плевата во огнот на пеколот.

Поради тоа, се молам во името на Господ Исус Христос да го сфатам провидението Божјо и љубовта за култивирање на човечките суштества, суштински да водам благословен живот, и да го прославувам Бога со огнена надеж за рајот.

Глава 3

Дрвото на Познавањето на Доброто и на Злото

- Адам и Ева во Градината Едемска
- Адам Не послуша по Негова
  Сопствена Волја
- Платата за Гревот е Смртта
- Зошто Бог го Засади Дрвото
  на Познавањето на Доброто
  и на Злото во Градината Едемска?

И, земајќи го ГОСПОД Бог човекот, кого го создаде, го воведе во Градината Едемска за да ја обработува и да ја пази. И му заповеда ГОСПОД Бог на човекот и рече, "Од секое дрво во градината можеш да јадеш, освен од дрвото за познавање на доброто и на злото; од него не јади; зашто во оној ден кога ќе вкусиш од него, ќе умреш."

Битие 2:15-17

Оние кои не ја знаат големата љубов на Бога Создателот и Неговата длабока и голема промисла за подигањето на Неговите вистински чеда може да прашаат, "Зошто Бог го засади дрвото за познавање на доброто и на злото во Градината Едемска?" "Зошто му дозволи на првиот човек да оди по патот на уништувањето?" Тие мислат дека можеби човекот не би умрел и би уживал во среќен живот засекогаш во Градината Едемска само доколку Бог не го засадил дрвото таму.

Некои од нив дури и велат нешта во кои се вклучени следните зборови "Бог можеби не знаел претходно дека Адам ќе касне од плодот од дрвото на познавањето на доброто и на злото" бидејќи тие не веруваат во семоќноста и сезнајноста на Бога. Дали Тој го засадил дрвото во Градината на Едем со слаба проникливост без да ја знае идната непослушност на Адам? Или дали Бог го засадил дрвото намерно и го водел човекот по патот на смртта? Се разбира не!

Тогаш, зошто Бог го засадил дрвото на познавањето на доброто и на злото во средиштето на Градината Едемска? Зошто Адам не ја почитувал заповедта Божја и тргнал по патот на смртта?

Адам и Ева во Градината Едемска

Бог го создаде човекот од правта на земјата и му вдахна во ноздрите здив на животот, и човекот стана живо суштество (Битие 2:7). Живо суштество е духовно суштество кое нема никаков вид на знаење кога е на почетокот создадено. Да видиме еден лесен пример. Новороденото бебе нема мудрост и знаење. Бебето има мемориски систем во мозокот, но никогаш не видело, слушнало или нешто му било кажано. Така бебето може да се однесува само инстинктивно.

Исто така, Адам немал духовна мудрост или знаење кога прв пат станал живо суштество.

Адам го Научил Знаењето на Животот од Бога

Бог засадил градина на исток, во Едем и го поставил Адам таму. Бог му пренел на Адам знаење за животот и вистината во непосреден разговор, шетајќи со него таму па така Тој можел да има контрола врз Адам и да управува со Градината Едемска.

Битие 2:19 пишува, *"Тогаш ГОСПОД Бог ги создаде од земјата сите полски животни, и сите птици небески, и ги доведе кај човекот за да види како која ќе ја нарече тој, па како што човекот ќе го нарече секое живо суштество, така да му биде името."* Адам беше доволно подготвен со знаењето на животот за да владее над сите нешта.

Исто така, на Бога не му изгледаше во ред Адам да биде сам. Затоа, Бог направи да падне во тврд сон за да му направи помошник кој ќе му одговара. Бог зеде едно од ребрата на мажот и го пополни местото со плот додека мажот спиеше. Тогаш Тој создаде жена од реброто што го зеде од човекот, и му ја донесе на човекот. И ќе се прилепи човекот кон жената своја, и обата ќе бидат едно тело (Битие 2:20-22).

Ова беше така не бидејќи Адам самиот се чувствуваше осамено туку бидејќи Бог бил сам долго време пред почетокот на времето и знаел каква е осаменоста. Божјата неизмерна љубов и милост го водеа Него да му направи помошник на Адам и Тој, знаејќи ја состојбата на Адам претходно, ги благослови мажот и неговата жена да бидат плодни, да напредуваат, и да ја наполнат земјата.

Долгиот Живот на Адам во Градината Едемска

Тогаш, колку долго Адам и неговата жена Ева живееле во Градината Едемска? Библијата не дискутира за ова во детали, но вие мора да знаете дека тие живееле многу подолго таму отколку што мислат најмногу од луѓето.

Библијата ни ги кажува сите овие факти во само неколку стиха. Затоа, многу луѓе мислат дека Адам јадел од забранетото овошје и западнал во уништување не долго откога Бог го сместил во Градината Едемска. Некои од нив прашуваат, "Библијата вели дека историјата на човечките суштества е шест илјади години, но како можете да ги објасните многубројните фосили кои се датирани неколку илјади години пред тоа?"

Историјата на човечката култивација во Библијата е околу

6,000 години, почнувајќи од времето кога Адам и Ева беа истерани од Едем. Тоа не го вклучува долгиот период во текот на кој тие живееле во Градината Едемска. Како што поминувало долго време, имало големи геолошки и географски промени како тектонски пореметувања на земјината кора и неколку циклуси на репродукција и истребувања што се случиле на оваа планета. Како што е дискутирано во Глава 1, многу фосили сведочат за овој факт.

Исто како што Бог ги благословил Адам и неговата жена во Битие 1:28, првиот човек Адам, пред да биде проколнат, шетал со Бога и изродил многу чеда во долг временски период и ја исполнил Градината Едемска. Како господар на сите создадени нешта, Адам ја освоил и управувал со земјата исто така добро како и со Градината Едемска.

Адам Не послуша по Негова Сопствена Волја

Бог им даде и на Адам и на Ева слободна волја и им дозволи да уживаат во богатството и радоста на Градината Едемска. Сепак, имаше едно нешто кое Бог го забрани. Бог им заповеда да не јадат од дрвото за познавањето на доброто и на злото.

Доколку Адам го разбереше длабокото срце на Бога и искрено го сакаше Него, тој немаше да го јаде забранетото овошје бидејќи ја знаеше Божјата заповед. Сепак, тој не ја послуша оваа конкретна заповед бидејќи не го сакаше Бога вистински.

Господ го засади дрвото за познавање на доброто и на злото во Градината Едемска и воспостави строг закон помеѓу Бога и човекот. Тој му дозволи на човекот да се придржува до заповедта според неговата сопствена волја. Тоа беше така бидејќи Тој сакаше да стекне вистински чеда кои ќе го слушаат Него од длабочината на нивните срца.

Адам го Запостави Словото Божјо

Во Библијата, Бог често ветува благослови на оние кои ги почитуваат сите Негови заповеди и внимаваат на сите Негови Слова (Повторени Закони 15:4-6, 28:1-14). Сепак, кој ги почитува сите Негови заповеди? Дури и Библијата признава дека има само неколку луѓе на светот кои можат.

Бог мора да го поучил првиот човек Адам дека тој би уживал во вечниот живот и благословите онолку долго колку што ќе го почитува Бога, но дека ќе достигне вечна смрт доколку не го почитува Бога. Бог го предупредил да не јаде од дрвото на познавање на доброто и на злото.

Сепак, Адам и Ева не ја испочитуваа Божјата заповед, и јадеа од забранетото овошје. Сатаната се обиде да го наруши Божјиот план за подигање на вистински и духовни чеда уште на почетокот. Најпосле, Сатаната успеа во искушувањето да јадат од овошјето преку змијата која беше поподмолна од било кои други диви животни (Битие 3:1). Адам и Ева не ја испочитуваа Божјата заповед. Како, тогаш, Адам не ја испочитува Божјата заповед иако тој беше жив дух и беше учен само на вистината од Бога?

Во Битие 2:15, гледаме дека Бог направил, Адам да управува и да се грижи за Градината Едемска. Адам ја примил силата и власта од Бога да раководи со неа и да ја чува. Бог направил тој да ја чува доколку непријателот ѓаволот и Сатаната се обидат да влезат во истата. Сепак, Сатаната не пропуштил да воспостави контрола врз змијата и да ги искушува Адам и Ева преку змијата. Како било тоа можно?

Со еден збор, Сатаната е зол дух што има власт врз воздушното кралство. Сатаната нема облик. Во Ефесјаните 2:2, Сатаната е наречен како кнез на воздухот, односно на духот, кој сега дејствува во синовите на неверието.

Бидејќи Сатаната е како радио бранови што се движат низ воздухот, Сатаната можеше да ја контролира змијата во Градината Едем за да ги искушува Адам и Ева. Битие 1 покажува посебна фраза што се повторува. На крајот на секој ден од создавањето, Библијата повторува, "Виде Бог дека е добро." Оваа фраза не била изговорена вториот ден кога беше создадено отвореното пространство.

Повторно, Ефесјаните 2:2 говори за времето *"во кое живеевте некогаш според животот на овој свет, согласно со кнезот на воздухот, односно на духот, кој сега дејствува во синовите на неверието."* Бог однапред знаеше дека злите духови ќе имаат власт врз кралството на воздухот.

Ева Падна во Искушението на Змијата

Змијата е само едно од животните во полињата. Како таа успеа во искушувањето на Ева да не ја послуша Божјата заповед?

Во Едемската Градина, луѓето може да комуницираат со сите живи суштества како што се цвеќињата, дрвјата, птиците, ѕверовите, и така натаму. Ева исто така можела да комуницира со змијата. Првично, змиите биле сакани од луѓето и биле во добри односи со нив за разлика од сега. Тие биле толку мазни, чисти, долги, тркалезни и мудри за да и бидат омилени на Ева. Тие добро ја знаеле и ја задоволувале. Случајот е ист со кучињата кои им се омилени на нивните сопственици бидејќи се поумни и ги следат подобро од другите животни.

Сепак, многу луѓе велат, "Змиите се ужасни, отровни и одвратни." Тие не ги сакаат змиите скоро инстинктивно бидејќи змиите се оние кои го измамија првиот човек Адам и неговата жена Ева да не ја послушаат заповедта и ги турнаа по патот на смртта.

За да се разбере природата на змијата, мора да ги знаете карактеристиките на првобитната почва. Секое земјиште има различни состојки и различни делови на соединенијата од нив. Според елементите кои се додадени во земјиштето, тоа може да стане добро или сиромашно. Кога Бог ги создал сите видови на ѕверови на полињата и сите видови на птици во воздухот, Тој избрал кое земјиште одговара за секое животно (Битие 2:19).

Бог не ја направил змијата лукава на почетокот. Бог ја направил доволно мудра да биде сакана од луѓето. Сепак, змијата станала лукава откако злата природа навлегла во неа. Доколку змијата не го примила гласот на Сатаната туку ја извршувала само Божјата волја, би станала мудро и добро животно. Бидејќи го послушала и почитувала гласот на Сатаната, сепак, змијата станала лукаво животно кое ја заблуди Ева да падне во смртта.

Бидејќи Ева го Смени Словото Божјо

Змијата знаеше што му кажал Бог на Адама: *"Од секое дрво во градината можеш да јадеш, освен од дрвото на познавањето на доброто и на злото; од него не јади; зашто во оној ден кога ќе вкусиш од него, ќе умреш."* (Битие 2:16-17). Така змијата лукаво ја прашала Ева, *"Вистина ли е дека Бог рекол да не јадете од ниедно дрво во рајот?"* (Битие 3:1)

Како Ева и одговорила на змијата?

Ние јадеме род од секое дрво во рајот; - само од родот на она дрво среде рајот, - рече Бог, - не јадете и не се допирајте до него, за да не умрете." (Битие 3:2-3).

Бог му дал на Адам јасно предупредување: *"Од дрвото на познавањето на доброто и на злото; од него не јади; зашто во оној ден кога ќе вкусиш од него, ќе умреш."*

(Битие 2:17). Тој нагласи дека тие не ќе бидат живи доколку јадат од дрвото. Сепак, одговорот на Ева не беше толку јасен. Таа само одговорила нејасно, "Ќе умреш." Таа го изоставила зборот "сигурно." Со други зборови, таа мислела, "Доколку јадеш од забранетото овошје, можеби ќе умреш или можеби нема да умреш."

Таа не се држела до заповедта Божја во нејзиниот ум и малку се посомневала во Словото Божјо. Откако змијата го слушнала нејзиниот нејасен и сомнителен одговор, побрзала да ја искушува уште посилно. Тоа дури и ја преиначила Божјата заповед. Змијата и рекла на жената, "Ти сигурно нема да умреш." Почнала да ги менува Божјите заповеди и ја охрабрувала жената: *"Бог знае оти оној ден кога ќе вкусите од него, ќе ви се отворат очите, па ќе станете како Богови и ќе знаете што е добро, а што зло"* (Битие 3:5). Повторно ја искушувала, поттикнувајќи ја нејзината љубопитност се повеќе.

Ева Не послуша по Нејзина Сопствена Слободна Волја

Откога Сатаната вдахна грешни желби во жената преку нејзината неверна помисла, дрвото почна да и изгледа поинакво од она што го знаела до тогаш. Битие 3:6 пишува, *"И жената, гледајќи дека родот на дрвото е добар за јадење, и убав за гледање, и дека дрвото е пожелно поради знаењето, набра род од него и јаде, па му даде и на мажот свој, та и тој вкуси."*

Таа требало да го изгони искушувањето на змијата категорично и потполно. Желбите на грешен човек, копнежот во нејзините очи, и гордоста на животот ја совладаа, и ја доведоа до гревот на непослушност.

Некои велат, "Не го јадеа ли Адам и Ева овошјето од дрвото на познавањето на доброто и на злото бидејќи имаа 'грешна природа' во нив?" Тие немаа грешна природа туку само добрина во нив пред да непослушаат. Тие ја имаа само нивната сопствена слободна волја според која тие можеа или не можеа да јадат од забранетото овошје против Божјата заповед.

Како што поминуваше времето, тие ја запоставија Божјата заповед. Тогаш Сатаната ги искушуваше преку змијата и тие му се предадоа на искушението. На тој начин, гревот навлезе во нив и тие ја повредија заповедта која Бог ја воспостави.

Ова е истиот случај со растењето на децата во зло. Дури и дете кое е злобно на дела и збор не е секогаш толку лошо или злобно од неговото раѓање. На почетокот, тоа ги емитира грубите зборови на другите деца или кажува пцости без да го знае нивното значење. Или тоа може да следи момче кое удира некое друго, и да ужива во удирање на други деца и да ги гледа како се гушат во солзи. Така тоа удира други постојано и злото е зачнато и расте во него.

На ист начин, Адам немал грешна природа од почетокот. Кога тој не ја испочитува Божјата заповед и јадеше од дрвото по негова сопствена слободна волја, гревот беше зачнат и злото навлезе во него.

Платата за Гревот е Смртта

Како што Бог му кажал на Адама, "Не смееш да јадеш од дрвото на познавањето на доброто и на злото. Кога ќе каснеш, ти сигурно ќе умреш," Адам и Ева сигурно умреле откако каснале од дрвото. Се вели во Јаков 1:15, *"Потоа похотта, откако ќе се зачне, раѓа грев, а гревот извршен, раѓа смрт."*

Римјаните 6:23 ве учи на законот на духовното царство за резултатот од гревот, *"Платата за греотв е смртта."* Да погледнеме како смртта дошла кај Адам и Ева поради нивното непочитување.

Смртта на Нивните Духови

Бог јасно му кажал на Адам, "Од дрвото на познавањето на доброто и на злото; од него не јади; зашто во оној ден кога ќе вкусиш од него, ќе умреш." Сепак, тие не умреле веднаш откако не ја испочитувале Божјата заповед. Тие многу долго живееле и изродиле уште многу деца. Тогаш, што беше "смртта" за која што Бог предупредуваше?

Тој не мислеше на смрт на нивните тела туку на смрт на нивните духови. Луѓето се создадени со дух кој може да комуницира со Бога, душа што му служи на духот, и тело во кое нивниот дух и нивната душа живеат. 1 Солуњаните 5:2 вели дека луѓето се создадени од дух, душа и тело. Кога Адам и Ева не ја испочитувале Божјата заповед, нивните духови, што управуваат и се суштината на човекот, умреле.

Бог е непорочен и беспрекорен, и Свет кој живее во една непристапна светлина, така што грешниците не можат да бидат со Него. Адам можеше да комуницира со Бога кога тој беше жив дух, но повеќе не можеше да комуницира со Бога откога неговиот дух умре поради грев.

Почеток на Страдален Живот

Градината Едемска беше многу изобилно и прекрасно место каде што немаше грижи и неспокојство, и Адам и Ева можеа да живеат таму вечно јадејќи од дрвото на животот. Но, тие беа избркани од Градината Едемска откако сторија грев. Од тогаш наваму, нивните проблеми и тешкотии започнаа.

Жената почна да има повеќе болки при раѓањето на децата. Таа имаше желба за нејзиниот маж и нејзиниот маж почна да владее над неа. Само откога човекот ќе ја обработеше проколнатата земја со напорен, измачувачки труд, можеше да јаде од неа во сите денови од неговиот живот (Битие 3:16-17).

Бог му кажува на Адам во Битие 3:18-19, *"Трње и троскот ќе ти раѓа; и ти ќе јадеш трева полска. Со пот од лицето свое ќе јадеш леб, се дури не се вратиш во земјата, од која си земен; зашто си земја и во земја ќе се вратиш."* Преку овие стихови, Бог посочува дека човекот мора да се врати во грст прав.

Бидејќи Адам, прататкото на сето човештво, го стори гревот на непочитување на заповедта Божја и неговиот дух умре, сите негови потомци се родени како грешници и одат по патот на смртта.

Римјаните 5:12 го бележат трајното наследство на Адам: *"Затоа, како што гревот влезе во светот преку еден човек, а преку гревот - смртта, по таков начин и смртта премина на сите луѓе, преку еден човек, оти сите згрешија."*

Сите Луѓе се Родени со Првобитниот Грев

Бог им овозможил на луѓето да бидат плодни и да го зголемуваат бројот преку семињата на животот кои Тој им ги дал кога Тој ги создал. Луѓето се зачнати со соединување на сперматозоидот и јајце клетката кои Бог им ги дал на секој човек и жена како семиња на животот. Бидејќи сперматозоидот или јајце клатката ги имаат карактеристиките на секој од родителите, бебето зачнато со соединување на сперматозоидот и јајце клетката личи на неговите или нејзините родители по изглед, карактер, вкусови, навики, омилени нешта, начин на одење, итн.

На тој начин, грешната природа на Адам преминала на сите негови потомци откако Адам прататкото на сите луѓе грешел. Тоа се нарекува "првобитен грев." Потомците на Адам се родени со првобитниот грев. Така сите луѓе се неизбежно грешници.

Некои неверници се жалат, "Зошто или како јас сум грешник? Јас не сум сторил грев." Или други прашуваат, "Како може гревот на Адам да се пренесе на мене?"

Да земеме пример на дете. Доилка има дете кое нема уште една година. Таа дои друго дете пред очите на сопственото дете. Многу е веројатно дека бебето ќе стане вознемирено и ќе се обиде да го избрка другото бебе. Доколку мајката не престане со доењето на другото бебе или доколку бебето не престане да цица, нејзиното дете може да ја турка или бојкотира мајката или другото бебе. Доколку мајката продолжи да му дава млеко на другото бебе, нејзиното може да почне да плаче.

Дури иако никој не го учел малото бебе да биде завидно, љубоморно, да чувствува омраза, алчност, или да напаѓа, бебето ги има овие зли нешта во умот откога е родено. Овој факт објаснува дека луѓето се родени со првобитниот грев кој е наследен од нивните родители.

Колку многу гревови може да направи некој во текот на животот? Мора да разберете дека не само грешните дејствија туку исто така секој вид на зло во нечиј ум е грев пред Бога кој е самиот светлина. Бог го согледува и гледа злото во умот како што е омразата, алчноста, осудата, и многу друго.

Затоа, Библијата ни кажува дека никој нема да биде прогласен за праведен во очите на Бога со почитување на законот и сите луѓе не ја добиваат славата на Бога бидејќи тие грешеле (Римјаните 3:20, 23).

Не Само Човекот, Туку исто така и Сите други Нешта се Проколнати

Кога Адам, кој беше господар на сите нешта, згреши и

беше проколнат, земјата и сиот добиток, сите ѕверови на полињата и птиците во воздухот беа проколнати заедно со него. Од тогаш, штетни и отровни инсекти како што се мувите или комарците кои ги пренесуваат сите видови на болести, започнаа да се појавуваат.

Земјата почна да раѓа трње и коров и луѓето можеа да жнеат билки за храна само преку напорна работа и со потта од нивните чела. Луѓето беа присилени да се соочат со солзи, тага, болка, болести, смрт и слично бидејќи тие беа проколнати на оваа земја.

Затоа, во Римјаните 8:20-22 пишува, *"Зашто и тие не и се покорија на суетата доброволно, туку по војлата на Оној, Кој ги покори, а со надеж дека и тие сами ќе се ослободат од ропството на распаѓањето при славното ослободување на синовите Божји. Оти знаеме дека сите созданија заедно со нас воздивнуваат и тажат досега."*

Тогаш, како беше змијата проколната? Во Битие 3:14, Господ и рекол на лукавата змија која го искушувала човекот да стори грев, *"Затоа што си го направила тоа, проклета да си меѓу сите животни и сите ѕверови полски; помешечки ќе се влечеш и прав ќе јадеш се до крајот на својот живот."* Змиите, сепак, не јадат прав туку живи животни како птици, жаби, глувци, или инсекти. Бог јасно кажал, "и прав ќе јадеш се до крајот на својот живот." Како вие ќе го интерпретирате овој стих?

"Правот" овде ги симболизира "луѓето кои се направени од правта од земјата" (Битие 2:7), и "змијата" се однесува на непријателот ѓавол и Сатаната (Откровение 20:2). "прав ќе јадеш се до крајот на својот живот" симболизира дека Сатаната и ѓаволот ги проголтуваат луѓе кои не живеат според Словото Божјо туку порадо чекорат во темнината.

Дури и чедата Божји се соочуваат со проблеми и тешкотии кои Сатаната и ѓаволот ги носат доколку тие направат зло и грешат против Божјата волја. Денес, Сатаната и ѓаволот демнеат наоколу како страшен лав гледајќи некого да проголтаат (1 Петар 5:8). Ако најдат некого, ќе го поробат него или неа под клетвата на гревот и ќе го одвлечат човекот по патот на уништувањето. Доколку е можно, тие се обидуваат да ги искушуваат дури и чедата Божји.

Сатаната и ѓаволот ги искушуваат оние кои велат, "Јас верувам во Бога," но не се сигурни за Словото Божјо, и ги водат по патот на смртта. Обично, Сатаната и ѓаволот се обидуваат да ве искушат преку оние најблиските до вас, како што е вашиот сопружник, пријател, и роднините – начинот на кој ја искушувале Ева преку змијата, едно од нејзините најсакани миленичиња.

На пример, вашиот сопружник или пријател може да праша, "Не е ли доволно за тебе да присуствуваш само на Неделната Утринска богослужба? Дали треба да ја посетуваш секогаш и Неделната вечерна богослужба ?" или "Дали секогаш се обидуваш најдобро што можеш да присуствуваш на секојдневните собирања?" "Бог гледа и знае дури и за твоето внатрешно длабоко срце бидејќи Тој е семоќен и сезнаен. Треба ли неопходно да повикате во молитва?"

Бог ви заповеда да се потсетите на денот саботен и да го

празнувате (Исход 20:8), обидете се да се соберете во името Господово (Евреите 10:25), и повикајте во молитва (Јеремија 33:3). Сатаната не може ниту да искушува ниту да прави грев на оние кои живеат според Словото Божјо во целост (Матеј 7:24-25).

Како што се вели во Ефесјаните 6:11, *"Облечете се во сето оружје Божјо, за да се одржите против ѓаволското лукавство,"* мора да се опремите себеси со Словото на Вистината на Бога и храбро да ги изгоните непријателот ѓавол и Сатаната со верба.

Зошто Бог го Засадил Дрвото на Познавањето на Доброто и на Злото во Градината Едемска?

Бог го засадил дрвото на познавањето на доброто и на злото во Градината Едемска не за да ги испрати луѓето во уништување туку да им даде вистинска среќа. Не разбирајќи го Неговиот длабок план, многу луѓе погрешно ја разбираат љубовта и правдата на Бога и дури и не веруваат во Бога. Тие живеат досаден или безживотен живот без да ја најдат вистинската цел на нивните животи.

Зошто, тогаш, Бог го засадил дрвото на познавањето на доброто и на злото во Градината Едемска и зошто тоа ви носи големи благослови?

Адам и Ева Не знаеле за Вистинска Среќа

Градината Едем беше многу убава и изобилна повеќе отколку што можете да замислите. Бог направи сите видови дрвја да успеваат на тоа земјиште. Тие беа задоволство за окото и добри за храна. Во средината на Градината беше дрвото на животот и дрвото за познавање на доброто и на злото (Битие 2:9).

Зошто, тогаш, Бог го засадил дрвото на познавањето на доброто и на злото во средината на Градината заедно со дрвото на животот за да може лесно да се забележи? Бог никогаш не планирал да ги истера по патот на уништувањето со искушување да јадат од дрвото. Таму постоело Божјо провидение за да ја разбереме релативноста преку дрвото за познавање на доброто и на злото и да станеме Негова вистински и духовни чеда кои може да го исполнат Неговото срце.

Се додека луѓето искусуваат солзи, тага, сиромаштија, или болести, тие може да мислат дека Адам и Ева мора да биле многу среќни во Градината Едемска бидејќи тие не доживувале болки ниту пак имало солзи, тага, сиромаштија или болести од овој свет. Сепак, луѓето во Градината Едемска не знаеле дури ни за вистинска среќа ниту вистинска љубов бидејќи тие не ја беа искусиле релативноста.

Да земеме еден пример. Има две момчиња. Едно беше родено и израснато во сиромаштија, но другото беше родено во изобилство и уживало во тоа. Ако им дадете на секое од нив многу скапа играчка како подарок, како секој од нив ќе реагира на тоа? Од една страна, момчето кое пораснало во изобилство нема да биде толку благодарно бидејќи тоа ретко ја чувствува вредноста на играчката. Од друга страна, другото момче кое пораснало во сиромаштија ќе биде многу благодарно и ќе ја цени играчката како многу скапоцена.

Вистинската Среќа Доаѓа Преку Релативноста

На ист начин, оние кои искусуваат релативни нешта на слобода или изобилство знаат и уживаат во вистинската среќа или вистинската слобода. За разлика од Градината Едем, има многу релативни нешта на овој свет. Ако сакате да знаете да уживате во вистинската вредност на било што, мора да ги искусите нивните релативни нешта. Вие не можете да ја сфатите нивната вистинска вредност целосно додека не ги искусите нивните спротивни аспекти.

На пример, доколку посакате да знаете вистинска среќа, вие мора да искусите несреќа. Доколку посакате да ја сознаете вредноста на вистинската љубов, мора да искусите омраза. Не можете потполно да ја согледате вредноста на вашето здравје се додека не почувствувате болка поради болест или лошо здравје. Нема да ја сфатите вредноста на вечниот живот и нема да бидете благодарни на Господ Отецот кој подготвува за добрите рај се додека не разберете дека има сигурна смрт и пекол.

Првиот човек Адам уживал во што и да посакал да јаде и имал власт да управува со сите нешта во Градината Едем. Тој ги стекнал сите нешта без напорна работа или пот на челото.

Поради таа причина, тој не изразувал благодарност на Бога кој му ги дал сите тие нешта ниту пак ја знаел Неговата милост и љубов во срцето.

Подоцна, Адам не ја послушал Божјата заповед преку јадењето на плодот. Тој беше жив дух дотогаш, но откако сторил грев, неговиот дух умре и тој стана човек на плотта. Тој и неговата жена беа истерани од Градината Едем и дојдоа да живеат на оваа земја. Тој почна да поднесува нешта што никогаш не ги искусил во Градината Едем: солзи, тага, болести, болка, несреќа, смрт, и така натаму. Најпосле, тој почна да ги искусува сите нешта кои се спротивности на среќата во Градината Едем.

Низ таков процес, Адам и Ева можеле да разберат и почувствуваат како изгледа среќата или несреќата и колку се вредни слободата и изобилството кои Бог им ги дал во Градината Едем.

Вашиот живот ќе биде бесмислен доколку живеете засекогаш без да запознаете што е среќа и несреќа. Дури и ако имате тешкотии сега, вашиот живот ќе биде повреден и значаен доколку можете да почувствувате вистинска среќа подоцна.

На пример, дури и ако родителите очекуваат дека нивните деца ќе имаат тешкотии при учењето, тие сепак им дозволуваат да одат на училиште. Ако ги сакаат нивните деца, на родителите нема да им претставува тешкотија да им помагаат на децата вредно да учат или да почувствуваат многу добри нешта. Тоа е истиот случај како со срцето на Господ Отецот кој ги испратил луѓето на овој свет и ги култивира како Негови вистински чеда низ сите видови на искуства.

Од таа иста причина, Бог го засадил дрвото за познавање на доброто и на злото во Градината Едем и не ги спречил Адам и Ева од каснувањето од тоа по нивна сопствена слободна волја. Тој ги испланирал сите нешта за луѓето да ги искусат сите видови на радост, лутина, тага и задоволство на овој свет и да станат Негови вистински чеда преку човечката култивација.

Преку болни искуства, тие конечно можат да ја разберат вистинската вредност и значење на овие нешта непосредно доживувајќи ги во длабочината на нивните срца.

Бидејќи тие ќе ја знаат и ќе ја имаат почувствувано вистинската среќа преку човечката култивација, чедата Божји нема повторно да го предадат Бога за разлика од она што го стори Адам во Градината Едем, без разлика колку долго време ќе помине. Наместо тоа, тие ќе го сакаат Него се посилно и посилно, ќе станат исполнети со радост и благодарност и ќе му оддадат поголема слава Нему.

Вистинската Среќа во Рајот

Чедата Божји кои искусија солзи, тага, болка, болести, смрт и така натаму во овој свет ќе влезат во вечниот рај и ќе уживаат во вечна среќа, љубов, радост и благодарност засекогаш. Тие ќе ја чувствуваат радоста на совршената среќа во рајот.

Во овој свет на плотта, се се распаѓа и умира, но не постои

распаѓање, смрт, солзи и тага во вечното небесно царство. Златото најмногу се цени на овој свет, но сите патишта во Новиот Ерусалим во рајот се направени од чисто злато. Небесните куќи се направени од многу убави и вредни скапоцени камења. Колку се чудесни и прекрасни тие!

Јас го сметав златото или скапоцените камења како нешто највредно додека не го запознав Бога, но откако го согледав вечниот рај, започнав да сметам се на овој свет за залудно или безвредно. Животот на овој свет претставува момент споредено со вечниот живот. Доколку вие навистина верувате во и се надевате на вечниот рај, никогаш нема да го сакате овој свет. Наместо тоа, вие само ќе мислите што можете и треба да направите за да спасите уште една душа или како можете да ги евангелизирате сите луѓе низ светот. Вие ќе натрупате за вас награди во рајот со тоа што ќе ги давате вашите најдобри прилози на Бога со сето ваше срце без да се обидувате да зачувате богатства за вас на земјата.

Апостолот Павле можеше да си го поплочи неговиот тежок пат кон крајот со радост и благодарност, бидејќи тој го виде третиот рај кој Бог му го покажа во визија. Тој мораше да издржи ужасни тешкотии како апостол од Паганите. Бог му ја покажа големата убавина на рајот и го охрабри да тргне по својот пат до крајот во надеж за рајот. Тој беше тепан со стапови, жестоко камшикуван, каменуван, постојано затваран, и ја пролеа својата крв додека го проповедаше Евангелието Божјо. И покрај сето ова, Павле знаеше дека сите овие нешта ќе му бидат силно надоместени надвор од секаков опис во рајот. Најпосле, сите негови страдања и тешкотии беа за големи небесни благослови.

Луѓето Божји не се надеваат на овој свет. Тие копнеат единствено за небесното царство. Овој свет е момент во очите на Бога, но животот во царството небесно е засекогаш. Не постојат солзи, или тага, или страдања, или смрт во рајот. Така тие секогаш можат да живеат во радост надевајќи се за големите награди што Бог ќе им ги додели во рајот според она што тие го засадиле или направиле.

Затоа, јас се молам во името на нашиот Господ Исус Христос дека вие ќе ја согледате огромната љубов и провидението на Бога Создателот и ќе се подготвите себеси да влезете во рајот за да можете да уживате во вечен живот и вистинска среќа во неописливо убавиот и величествен рај.

Глава 4

Тајната Скриена од пред Вековите

- Власта на Адам Предадена на Ѓаволот
- Законот за Откупувањето на Земјата
- Тајната Скриена од Пред Вековите
- Исус е Квалификуван Според Законот

Мудрост, пак проповедаме меѓу совршените, но не мудрост од овој век, ниту, пак, онаа на преодните господари од овој свет. Туку ја проповедаме Божјата премудрост, тајна сокриена, која Бог ја предодредил уште пред вековите за наша слава, која никој од господарите на овој свет не ја познал; зашто ако ја беа познале, тогаш немаше да Го распнат Господа на славата.

1 Коринтјаните 2:6-8

Адам и Ева беа искушани од змијата во Градината Едемска, не ја испочитуваа Божјата заповед и јадеа од дрвото за познавањето на доброто и злото бидејќи имаа желба да бидат како Бога во нивниот ум. Како резултат, тие и сите нивни потомци станаа грешници.

Од гледна точка на човечките суштества, Адам и Ева се смета дека биле мизерни бидејќи биле истерани од Градината Едем и морале да тргнат по патот на смртта. Од духовно гледиште, сепак, тоа е еден неверојатен благослов на Бога бидејќи тие ќе добијат можност да доживеат спасение, вечен живот и небесни благослови преку Исус Христос.

Преку човечката култивација, тајната што била сокриена за ваша слава пред почетокот на времето беше откриена и патот на спасението беше широко отворен за сите народи. Да се обидеме да навлеземе подлабоко во тајната што била сокриена пред да започне времето и како патот кон спасението бил отворен.

Власта на Адам Предадена на Ѓаволот

Во Лука 4:5-6, ние откриваме како ѓаволот го искушува Исус кој само што завршил со неговиот 40-дневен пост:

И кога Го одведе на една висока планина, ѓаволот
му Ги покажа наеднаш сите царства во светот. И
Му рече ѓаволот: Тебе ќе Ти ја дадам сета оваа
власт, и нивната слава, зашто мене ми е предадена
и ја давам кому што сакам.

Ѓаволот рекол дека тој ќе му ја предаде власта на Исус
бидејќи истата му била предадена од некого, зошто Бог, кој
управува со сите нешта, дозволил сета власт да му биде
предадена на ѓаволот?

Се вели во Битие 1:28, *"И ги благослови Бог, и им рече,*
'Плодете се, и множете се, и наполнете ја земјата, и
господарете над неа, и овладајте ги рибите морски, и
ѕверовите, и птиците, и сиот добиток, и со целата земја,
и со сите животни што лазат по земјата.'"

Адам добил власт и сила да раководи и владее врз сите
нешта од Бога. Тој беше господар на сите нешта но по долго
време, тој и неговата жена беа измамени да јадат од дрвото за
познавање на доброто и на злото од лукавата змија. Тој
направил грев на непочитување кон Бога.

Запишано е во Римјаните 6:16, *"Не знаете ли дека, кому*
му се предавате како робови за послушност, робови сте
му на оној, кому му се покорувате: или робови на гревот,
за смрт, или – на послушност за оправдание?" Вие сте
робови на гревот или правдата. Доколку направите гревови,
вие сте роб на гревот и ќе бидете одведени во смрт. Доколку
го почитувате Словото на правдата, како и да е, вие сте роб
на правдата и ќе влезете во рајот.

Адам направил грев на непослушност кон Бога и станал роб на гревот. Така тој повеќе не можел да ја задржи власта и силата која Бог му ја дал. Тој морал да ја предаде власта и силата на ѓаволот токму како што сета сопственост на робот природно станува сопственост на неговиот господар. Накратко, Адам му ја предал власта и силата што Бог му ја дал на ѓаволот бидејќи тој згрешил и станал роб на гревот.

Непослушноста на Адам довела до гревови кај сето човештво. Таа довела тој и сите негови потомци да му служат на ѓаволот и да бидат проколнати до смртта.

Законот за Откупувањето на Земјата

Што мора да направат луѓето за да бидат ослободени од непријателот ѓаволот и Сатаната и да бидат спасени од гревовите и смртта? Некои велат, "Бог му простува секому безусловно бидејќи Бог е Љубов. Тој изобилува со сочуство и милост." Сепак во 1 Коринтјани 14:40 се вели, *"Сè да се врши како прилега и уредно."* Бог прави се како што прилега според законот на духовното кралство. Бог не прави ништо спротивно на духовниот закон бидејќи Тој е Бог на правдата и правичноста.

Во духовното кралство, постои закон за казнување на грешниците во кој се вели, *"Платата за грев е смрт."* Исто така, постои закон да се искупат грешниците. Овој духовен закон треба да се примени за да се врати власта што Адам му ја предал на ѓаволот.

Тогаш, каков е законот за искупување на грешниците? Тоа е законот за откупување на земјата запишан во Стариот Завет. Пред почетокот на времето, Господ Отецот тајно го подготвил начинот на човечкото спасение според овој закон.

Кој е Законот за Откупувањето на Земјата?

Ова е Божјата заповед за Израелците во Левит 25:23-25:

Земјата не смее да се продава засекогаш, зашто земјата е Моја; вие сте при Мене придојдени и преселници; по целата земја на вашите имоти дозволувајте земјата да се откупува. Ако брат ти, кој е кај тебе осиромаши и го продаде својот имот, тогаш да дојде неговиот најблизок роднина и нека го откупи продаденото од братот негов.

Секое парче земја му припаѓа на Бога и не смее да се продава засекогаш. Ако некој го продаде своето земјиште бидејќи осиромашил, Бог му дозволува нему или на неговиот најблизок роднина да ја откупи продадената земја. Ова е законот за откупување на земјата.

Израелците ги составувале договорите за продажба на земјата според законот за откупување на земјата за да не ја продаваат земјата засекогаш, кога ја продавале и купувале земјата.

Продавачот и купувачот ја пишувале содржината на договорот за земјата во детали на тапијата така што продавачот или неговиот најблизок роднина можеле да ја откупат во некое подоцнежно време. Тие правеле копија од истата и ги ставале двата нивни печати на двата договора пред двајца или тројца сведоци. Едниот договор се запечатувал и се чувал во магацинот на светиот храм. Другиот договор се чувал во приемниот простор, отворен и незапечатен. Законот за откупување на земјата му овозможувал на продавачот и на неговиот најблизок роднина да ја откупат земјата во било кое време.

Законот за Откупувањето на Земјата и Човечкото Спасение

Зошто Бог го подготви патот на човечкото спасение според законот за откупување на земјата? Битие 3:19 и 23 јасно ни кажуваат дека законот за откупување на земјата има директна врска со спасувањето на човештвото:

Со пот од лицето свое ќе јадеш леб, се дури не се вратиш во земјата од која си земен; зашто си земја и во земја ќе се вратиш. (Битие 3:19).

Тогаш ГОСПОД Бог го изгони од Градината Едем, за да ја обработува земјата, од која беше земен. (Битие 3:23).

Бог му рече на Адам после неговата непослушност, "Бидејќи ти си прав и во прав ќе се вратиш." Тука, "прав" го претставува човештвото кое е создадено од прашина. Затоа, луѓето ќе се претворат во прав после смртта.

Законот за откупување на земјата вели дека сета земја е од Бога и не смее трајно да се продава (Левит 25:23-25). Овие стихови значат дека сите луѓе што се создадени од правот на земјата му припаѓаат на Бога и не може трајно да се продадат. Тоа исто така укажува дека ниту една власт и сила што Адам ја добил од Бога во Градината Едем не може трајно да се продаде бидејќи тие му припаѓаат на Бога.

Власта на Адам му беше предадена на непријателот ѓавол и Сатана, но оној кој е соодветен за откупување на изгубената власт на Адам може повторно да ја врати истата од непријателот ѓавол. На истиот начин, Бог на правдата предодредил совршен откупувач според законот за откупување на земјата. Тој откупувач е Спасителот на сето човештво.

Тајната Скриена Од Пред Вековите

Пред сите векови, Богот на љубовта знаел дека Адам нема да го послуша Него и дека сите негови потомци ќе паднат на патеката на смртта. Тој тајно подготвил начин за човечко спасение и го сокрил додека времето што самиот го избрал не пристигне.

Доколку ѓаволот знаел за планот Божји, тој ќе се обидувал да го попречи Бога од разрешување од гревовите и смртта на сето човештво за да не ја изгуби својата власт. Во 1

Коринтјани 2:7 се укажува на следново *"Туку ја проповедаме Божјата премудрост, тајна сокриена, која Бог ја предодредил уште пред вековите за наша слава."*

Исус Христос, Мудроста Божја

Во Римјани 5:18-19 се вели, *"И така како што преку престапувањето на еден човек дојде осудувањето на сите луѓе, така и преку правдата на Единиот дојде оправданието за живот на сите луѓе. Оти, како што преку непослушноста на еден човек мнозина станаа грешни, така исто и преку послушноста на Еден, мнозина ќе станат праведни."*

Сите луѓе ќе станат праведни и ќе бидат спасени преку послушноста на еден човек токму како што сите луѓе станале грешници и паднале на патот на смртта заради непослушноста на еден човек.

Така, Бог го испратил Исус Христос, кого Тој го подговил како пат за спасение, тајно, и дозволил Исус да биде распнат и да воскресне. Од тогаш наваму, кој и да верува во Него е спасен. Во 1 Коринтјаните 1:18, Господ ни вели *"Бидејќи словото за крстот е безумство за оние, што гинат, а за нас, кои се спасуваме, сила Божја."*

Звучи безумно за некои луѓе дека синот на Семоќниот Бог бил навредуван и убиен од Неговите созданија. Сепак, овој "безумен" план на Бога е далеку помудар од најмудрите човечки планови и Божјата "слабост" е далеку посилна од најсилната човечка сила (1 Коринтјани 1:19-24). Библијата експлицитно вели дека никој не може да стане праведен во очите на Бога со почитување на законот. Сепак, Бог го отворил патот на спасението на секој кој верува во Исус Христос на овој лесен начин.

Платата за грев е смрт. Затоа, никој не би можел да биде спасен доколку Исус не умрел за нашите гревови. Исус беше распнат за нашите гревови и повторно оживеа според силата Божја. Така, Бог го подготвил начинот што може да изгледа слаб или безумен и го криел долго време.

Бог го зачувал Исус Христос и Неговото распнување во тајност бидејќи непријателот ѓаволот и Сатаната, доколку тие знаеја за нив, ќе го попречуваа патот на човечкото спасение. Ѓаволот никогаш не би го убил Исус на крстот доколку знаел дека Бог го подготвил патот на спасението преку крстот за да го искупи сето човештво од гревовите, да ги спаси од смртта, и повторно да ја преземе власта на Адам од ѓаволот.

Повторно, сетете се на 1 Коринтјаните 2:7-8: *"Туку ја проповедаме Божјата премудрост, тајна сокриена, која Бог ја предодредил уште пред вековите за наша слава; мудрост која никој од Господарите на овој свет не ја познал; зашто, ако ја беа познале, тогаш немаше да го распнат Господа на славата."*

Исус е Квалификуван Според Законот

Како што секој договор има одредби, духовното кралство

исто така има правило, кое налага дека откупувачот мора да биде квалификуван да ја врати загубената власт на Адам од ѓаволот според законот за откупување на земјата.

На пример, да претпоставиме дека постои човек кој се соочува со банкрот во неговата работа. Тој има голем долг а не е способен истиот да го исплаќа. Тој има богат брат што го сака, неговиот брат ќе ги исплати сите негови долгови одеднаш.

Сите луѓе што се грешници по падот на Адам имаат потреба од откупувач што е квалификуван да ги исчисти од гревовите. Кои се тогаш, квалификациите на откупувачот? Зошто Библијата вели дека само Исус е квалификуван?

Прво, Откупувачот мора да биде човек

Во Левит 25:25, се вели, *"Ако брат ти, кој е кај тебе, осиромаши и го продаде својот имот, тогаш да дојде неговиот најблизок роднина и нека го откупи продаденото од братот негов."* Законот за откупување на земјата вели дека доколку човек осиромаши и го продаде својот имот неговиот најблизок роднина да може да го откупи она што тој го продал.

1 Коринтјаните 15:21-22 пишува, *"Бидејќи смртта дојде преку човекот, така и воскресението од мртвите стана преку човек. И како што по Адама сите умираат, така и во Христа сите ќе оживеат."* Првата квалификација на Откупувачот што ќе ја врати власта на Адам е дека тој мора да биде човек. Овој факт е опишан уште

еднаш детално во Откровение 5:1-5:

> *И видов во десницата на Оној, кој седеше на Престолот, книга напишана одвнатре и однадвор, запечатена со седум печати. И видов силен ангел, што викаше со висок глас, "Кој е достоен да ја отвори книгата и да ги скрши печатите нејзини?" и никој не можеше, ниту на небото, ниту на земјата, ниту под земјата, да ја отвори книгата, ниту, пак, да ја гледа. И јас многу плачев, дека никој не се најде достоен да ја отвори и да ја прочита таа книга, ниту да ја гледа. А еден од Старците ми рече, "Не плачи! Ете, победи Лавот, Кој е од Јудиното колено, Коренот Давидов, победи да ја отвори книгата и да ги скрши нејзините седум печати!"*

"Книга напишана одвнатре и однадвор, запечатена со седум печати" укажува на договор што бил направен помеѓу Бог и ѓаволот кога Адам не го послушал Бога и станал грешник. Апостолот Јован не можел да најде никого кој што бил достоен да ги скрши печатите и да ја отвори книгата на небесата или на земјата, или под земјата.

Тоа беше бидејќи ангелите на небесата не се луѓе, сите луѓе на земјата се грешници како потомци на Адам, а под земјата има само зли духови што му припаѓаат на ѓаволот и мртви души кои треба да паднат во пеколот.

Во тоа време, еден од старците му кажал на Јован, "Не

плачи! Ете, победи Лавот, Кој е од Јудиното колено, Коренот Давидов, победи да ја отвори книгата и да ги скрши нејзините седум печати." Тука, "Коренот Давидов" се однесува на Исус, кој што е роден како потомок на кралот Давид од Јудиното колено (Дела на Светите Апостоли 13:22-23). Затоа, Исус е квалификуван според првиот услов на законот за откупување на земјата.

Некои може да кажат дека "Бог е Единствен. Исус е сигурно Господ бидејќи Тој е Син на Бога. Тој никогаш не е човек" Сетете се, сепак, дека во Јован 1:1 се вели *"Словото беше во Бога,"* и Јован 1:14, каде пишува *"И Словото стана тело, и се всели во нас."* Господ, кој беше Словото, стана тело и живееше тука на земјата меѓу нас.

Исус беше оној чие првобитно постоење беше во Бога и кој дојде како човек во тело . Тој беше словото во Неговата суштина и Син Божји. Тој имаше човечност и божественост. Сепак, Тој беше роден и израсна во образ на човек во тело. Историјата на човештвото е поделена на два дела, со времето на раѓањето на Исус како граничник: Пр.Хр., *Пред Христа,* и По Хр, *По Христа.* Ова самото сведочи дека Исус станал тело и дошол на земјата. Раѓањето на Исус, одгледувањето и распнувањето се исто така делови на овој очигледен факт.

Исус, поради тоа е човек и е квалификуван да биде наш Откупувач.

Второ, Тој не смее да биде потомок на Адам

Должник не може да ги исплати долговите на други луѓе.

Тој што нема долг и што е способен да им помогне на другите може да го исплати. На ист начин, откупувачот на сето човештво мора да биде беспрекорен и безгрешен со цел да ги искупи сите луѓе од гревовите и смртта. Сите луѓе се потомци на Адам и грешници бидејќи прататкото на сето човештво Адам направил грев. Ниту еден од неговите потомци не е квалификуван да биде искупувач на сето човештво бидејќи тие самите се грешници. Дури и некои од најголемите луѓе во историјата не може да преземат одговорност за гревовите на другите.

Дали Исус ја има оваа квалификација?

Матеј 1:18-21 го опишува раѓањето на Исус. Тој бил зачнат од светиот дух, не преку спојување на маж и жена. Стиховите гласат:

Раѓањето на Исуса Христа стана вака: по свршувачката на мајка Му Марија за Јосифа, уште пред да се состанат се виде дека е тешка од Светиот Дух. И Јосиф, нејзиниот маж, бидејќи праведен, не сакаше да ја посрами и намисли тајно да ја отпушти. Но, штом помисли така, ангел Господов му се јави на сон и рече, "Јосифе, сине Давидов, не бој се да ја примиш Марија, жената своја, зашто зачнатото во неа е од Светиот Дух. Таа ќе роди Син и ќе Му ставиш име Исус, зашто Он ќе го спаси народот Свој од неговите гревови."

Исус *беше* потомок на Давид според неговата генеалогија

(Матеј 1; Лука 3:23-37). Сепак, Тој беше зачнат од Светиот Дух пред Марија да се спои со Јосифа. Затоа, Тој немаше грешна природа.

Секој е роден со првобитниот грев бидејќи тој ја наследува грешната природа од неговите родители. Со други зборови, откако Адам направил грев, тој им ја пренел неговата грешна природа на сите негови потомци. Грешната природа е наследена од сето човештво до ден денес, и тој грев е наречен "првобитниот грев." Од оваа причина, сите потомци на Адам се грешници и истите не може да ги искупи ниту еден друг човек.

Така, Господ Отецот испланирал Неговиот Син Исус да биде зачнат од Светиот Дух во утробата на Дева Марија. На овој начин, Исус станал тело и дошол на овој свет, но не бил потомок на Адам.

Трето, Тој мора да ја има моќта да го совлада ѓаволот

Повторно, Левит 25:26-27 ни кажува:

Но, ако нема свој, кој да го откупи, тој самиот ќе успее и ќе најде колку што треба за откуп; тогаш да ги пресмета годините од продажбата своја и да го врати другото на оној кому му го продал, и повторно да влезе во владението свое.

Накратко, откупувачот треба да има сила да ја откупи продадената земја. Сиромашниот не може да ги исплати долговите на својот пријател дури и ако сака така да направи. На истиот начин, искупувачот не смее да има Грев за да биде способен да го спаси сето човештво од нивните гревови. Немањето грев е една од силните страни во духовното кралство.

Искупувачот мора да има сила да го порази непријателот ѓаволот и Сатаната и да ја воспостави изгубената власт на Адам. Со други зборови, Искупувачот не смее да го има ни првобитниот грев ниту негов сопствен грев. Единствено безгрешен искупувач може да го порази ѓаволот и да го ослободи сето човештво од ѓаволот.

Беше ли Исус безгрешен?

Исус го немаше првобитниот грев бидејќи Тој беше зачнат од Светиот Дух. Тој го почитуваше законот Божји во целост бидејќи тој израсна под контрола на родители кои се боеја од Бога. Тој го исполнуваше законот со љубов. Тој беше обрежан на осмиот ден по Неговото раѓање (Лука 2:21). Тој никогаш не направи Негов сопствен грев и единствено се повинуваше на волјата на Бога Отецот се до Неговото распнување на 33-годишна возраст (1 Петар 2:22-24; Евреите 7:26).

Исус може да го порази ѓаволот и може да го искупи сето човештво бидејќи Тој нема никаков грев. Неговата "безгрешност" беше посведочена низ Неговите бројни моќни дела. Тој гонеше демони, чинеше слепите да прогледаат, глувите да слушаат, куците да чекорат и лечеше секакви неизлечиви болести. Силната бура се смири и брзиот ветар престана кога Тој му заповеда на ветрот и и рече на водата, "Молкни, престани!" (Марко 4:39)

Најпосле, Тој мора да има жртвена љубов

Дури и богат човек не ќе ја откупи земјата доколку тој нема љубов за човекот кој ја продал земјата. На ист начин, искупувачот мора да има љубов за грешниците до степен на жртвување на Самиот Себеси да го разреши еднаш засекогаш проблемот на гревовите.

Во Рут 4:1-6, Воз беше потполно свесен за сиромаштијата на Ноемин и му кажа на нејзиниот најблизок роднина – откупувач да ја откупи нејзината земја доколку сака. Сепак, човекот одбил, велејќи му на Воз, *"Јас не можам да ја откупам, за да не си го растурам моето наследство; земи ја ти, зашто јас не можам да ја земам"* (с. 6). Тој не ја откупи земјата за Ноемин и Рут дури иако имаше доволно пари да го стори тоа. Се случи така бидејќи тој немаше жртвена љубов. Најпосле, Воз, следниот најблизок роднина-откупувач, ја откупи земјата бидејќи тој имаше таква жртвена љубов.

Воз стана правен откупувач и ја зеде Рут бидејќи тој имаше доволно љубов да ја откупи земјата на Ноемин. Синот што го добија Воз и Рут беше големиот дедо на Кралот Давид и беше запишан во семејното стебло на Исус.

Исус беше распнат во љубов. Исус беше Словото, но стана тело и дојде на овој свет. Тој не беше потомок на Адам бидејќи беше зачнат преку Светиот Дух. Така, Тој беше роден без првобитниот грев. Тој ја имаше силата да го искупи сето човештво од гревовите бидејќи Тој беше безгрешен.

Сепак, Тој не ќе можеше да стане искупувачот без духовната и жртвената љубов дури и ако ги имаше другите три квалификации. Тој мораше да ја преземе казната за гревовите која грешниците беа проколнати да ја носат, па на тој начин Тој ќе го искупеше сето човештво од гревовите.

Кон него мораа да се однесуваат како кон најсериозен и најопасен криминалец и истиот да биде обесен на груб дрвен крст. Тој мораше да биде навредуван и исмеван, и да ја пролее сета крв и вода од Неговото тело за да го спаси сето човештво. Тој мораше да плати висока цена и да поднесе голема жртва.

Вие никаде во човечката историја не можете да најдете пример во кој безгрешен принц умрел за неговиот зол и безумен народ. Исус е едниот и единствениот Син на Семоќниот Бог, Кралот над кралевите, Господарот над господарите, и Господар на сите созданија. Таквиот голем, благороден и безгрешен Исус бил распнат на крстот и умрел пролевајќи ја Неговата крв. Колку немерлива љубов имал Тој за нас?

Всушност, Исус правел само добри дела низ Неговиот живот. Тој им дал на грешниците прошка, лекувал секакви видови на болни луѓе, ослободил многу луѓе од демони, донел добри вести за мир, радост и љубов, им дал на луѓето искрена надеж за рајот и спасението. Над се, Тој го дал Неговиот сопствен живот за грешниците.

Во Римјани 5:7-8 се вели, *"За праведник одвај ли некој да умре; за добар, можеби, некој и да се реши да умре. Но, Бог ја докажа љубовта Своја кон нас со тоа, што Христос умре за нас, уште додека бевме грешни."* Господ Отецот го испрати Неговиот еден и единствен Син Исус за нас кои сме ниту праведни ниту добри, и дозволи Тој да биде распнат на крстот и да умре на истиот. Тој ја прикажа Неговата неизмерна љубов на овој начин.

Затоа, Јас се молам во името на Бога да можете да согледате дека не можете да бидете спасени во ничие друго име освен на Исус Христос, стекнете го правото да станете чедо Божјо со прифаќањето на Исус Христос, и секогаш живејте победнички живот во убеденост за спасение!

Глава 5

Зошто е Исус Нашиот Единствен Спасител?

- Провидението за Спасение низ
  Исуса Христа
- Зошто Исус беше Распнат
  на Дрвениот Крст?
- Нема друго име на Светот освен
  "Исус Христос"

Овој камен, што вие како sидари го отфрливте, стана глава на аголот; и во никој друг нема спасение; зашто под небото нема друго име дадено на луѓето, со кое би можеле да се спасиме.

Дела на Светите Апостоли 4:11-12

Ќе го возљубите Бога со сето ваше срце кога ќе го сфатите Неговото длабоко и грижливо провидение за човечката култивација. Уште повеќе, вие ќе се восхитувате на Неговата љубов и мудрост кога ќе го согледате провидението на спасението преку Исус Христос.

Тогаш, какво беше провидението за спасение што беше сокриено пред сите векови извршено преку Исуса Христа? Ви кажав претходно дека Бог на правдата го подготвил оној кој е квалификуван за искупување на сите луѓе според духовниот закон и дека нема никој друг освен Исус под небесата што одговара на таа квалификација.

Исус е единствениот кој беше човек но не беше потомок на Адам бидејќи Тој беше зачнат од Светиот Дух и дојде на овој свет во тело. Како дополнение, Тој ја имаше силата и љубовта да го искупи сето човештво. Така Тој можеше да го отвори патот на Спасението за сите човечки суштества преку неговото распнување.

Затоа, се вели во Делата на Светите Апостоли 4:12, *"Зашто под небото нема друго име дадено на луѓето, со кое би можеле да се спасиме."* Кој и да го прифати и верува во Исуса Христа добива простување на сите гревови и е спасен. Тој ќе се произнесе кон светлина од темнината и ќе ја добие власта и благословите на чедата Божји.

Сега, ќе ви објаснам зошто вие мора да верувате во Исус кој беше распнат за вие да бидете спасени и да ја примите власта и благословите на чедо Божјо.

Провидението за Спасение низ Исуса Христа

Бог го подготвил патот за спасение пред сите векови. Книгата Битие пророкува за Исус и за тајната на човечкото спасение преку крстот.

Во Битие 3:14-15 се вели:

На змијата, пак и рече ГОСПОД Бог: "Затоа што си го направила тоа, проклета да си меѓу сите животни и сите ѕверови полски; помешечки ќе се влечеш и прав ќе јадеш се до крајот на својот живот; и ставам непријателство меѓу тебе и жената, и меѓу родот твој и породот нејзин. Он ќе ти ја гази главата, а ти ќе го каснуваш во петата."

Како што беше кажано погоре, духовно, "змијата" упатува на непријателот ѓаволот и "јадењето прав" го симболизира непријателот ѓаволот како владее врз луѓето кои беа направени од правот на земјата. Исто така, "жена" укажува на "Израел" и "породот од жена" укажува на Исус. Фразата "Ти [змијата] ќе го каснуваш во петата" симболизира дека

Исус ќе биде распнат и "тој [породот од жена] ќе го згазне него [змијата] по главата" укажува дека Исус ќе ги скрши прангите на непријателот ѓаволот и Сатаната со воскреснување од мртвите.

Сатаната Не можел да го Сфати Планот на Бога

Бог го сокрил ова провидение на спасението во тајност за непријателот ѓаволот и Сатаната да не може да ја дознаат и зграпчат Неговата мудрост.

Непријателот ѓаволот и Сатаната се обиделе да го убијат породот на жената пред да бидат згмечени. Тој мислел дека засекогаш ќе ја има власта која му била предадена од Адама, кој не ја испочитувал заповедта Божја. Сепак, непријателот ѓаволот и Сатаната не знаеле кој е породот од таа жена. Затоа, тој се обидел да ги убие пророците кои биле возљубени од Бога од времето на Стариот Завет.

Кога Мојсеј бил роден, непријателот ѓаволот и Сатаната го натерале Фараонот, кралот на Египет, да го убие секое момче родено од Еврејка (Исход 1:15-22). Кога Исус бил зачнат од Светиот Дух и дошол на овој свет во тело, непријателот ѓаволот и Сатаната го натерале Кралот Ирод да го направи истото.

Сепак, Бог веќе го знаел планот на непријателот ѓаволот. Ангел Господов му се јавил во сон на Јосиф и му кажал да одат во Египет со бебето и мајката. Бог овозможил семејството да живее таму додека не умрел Кралот Ирод.

Распнувањето на Исус Дозволено од Бога

Исус израснал под заштита на Бога и ја започнал својата свештеничка дејност на возраст од 30 години. Тој тргнал низ сета Галилеја, подучувајќи во Синагогите, лечејќи ги сите видови на болести и сите видови на слабости помеѓу народот, подигајќи ги мртвите, и проповедајќи го евангелието на сиромашните (Матеј 4:23, 11:5).

Во меѓувреме, непријателот ѓаволот и Сатаната повторно сковале план да ги натераат главните свештеници, законодавците, и Фарисеите да го убијат Исус. Сепак, како што знаете низ Библијата, зол човек дури не ни можел да го допре Исус бидејќи сите настани во текот на Неговиот живот се случиле според Божјо провидение.

Бог им дозволил на непријателот ѓаволот и на Сатаната да го распнат Исуса единствено по три години од Неговото свештенство. Како резултат Исус носел венец од трње и умрел на крстот страдајќи од голема болка од прикованите раце и нозе.

Распнувањето е најсуровиот начин на убивање. Непријателот ѓаволот беше многу задоволен откако тој го уби Исус на овој суров начин. Сатаната пееше победничка песна бидејќи мислеше дека ќе ја задржи власта врз светот затоа што нема да постои никој кој може да го загрози неговото владеење. Сепак, постоеше скриеното тајно провидение на Бога.

Непријателот Ѓаволот и Сатаната го Прекршија Духовниот Закон

Бог не ја употребува Неговата апсолутна суверена сила против законот бидејќи тој е правичен. Тој го подготвил патот на спасението според духовниот закон пред сите векови, бидејќи Тој извршува се според духовниот закон.

Бидејќи платата за гревот е смртта според духовниот закон (Римјани 6:23), никој не се соочува со својата смрт доколку нема грев. Сепак, непријателот ѓаволот и Сатаната го распнаа Исус кој беше безгрешен и неосквернет (1 Петар 2:22-23). Правејќи го ова, непријателот ѓаволот го прекрши духовниот закон и беше измамен преку неговата сопствена измама. Тој стана инструмент за човечкото спасение што беше испланирано од Бога. Породот на жената ја смачка неговата глава како штоп беше проречено во Битие.

Воглавно, змијата може уште да пружа отпор дури и ако вие стапнете на нејзиниот опаш или и го пресечете телото, но не може да се брани доколку цврсто и ја држите главата. Затоа, фразата, "И ставам непријателство меѓу тебе и жената и меѓу родот твој и породот нејзин. Он ќе ти ја гази главата, а ти ќе го каснуваш во петата" духовно значи дека непријателот Сатаната ќе ја изгуби моќта и власта поради Исуса Христа. Змијата што ја каснува петата на породот од жената духовно значи дека Сатаната ќе го распне Исус и ова беше исполнето како што беше претскажано во Битие 3:15.

Спасението преку Распнувањето на Исус

Патот на спасението кој бил скриен од Бога пред почетокот на сите векови беше исполнет кога Исус воскресна на третиот ден од Неговото распнување.

Пред околу 6,000 години, Адам морал да му ја предаде неговата власт дадена од Бога на непријателот ѓаволот бидејќи го прекршил законот на духовното кралство со неговата непослушност (Лука 4:6). Сепак, по 4,000 години, Сатаната морал да тргне по патот на уништувањето со прекршувањето на духовниот закон.

Поради тоа, непријателот ѓаволот морал да ги ослободи оние кои го прифатиле Исус како нивен Спасител и верувале во Неговото име, и тие го добивале правото да станат чеда Божји. Дали непријателот ѓаволот би го распнал Исуас доколку ја знаел оваа мудрост на Бога? Никако! Во 1 Коринтјаните 2:8, не потсетува дека *"Која никој од господарите на овој свет не ја познал; зашто ако ја беа познале, тогаш немаше да Го распнат Господа на славата."*

Оние кои не го разбираат овој факт и денеска исто се прашуваат, "Зошто Семокниот Бог не го заштитил Неговиот Син од смртта? Зошто Го оставил да умре на крстот?" Сепак, ако темелно сте го разбрале провидението на крстот, вие би знаеле зошто Исус морал да биде распнат и како Тој можел да стане Крал над кралевите и Господар над господарите по Неговата триумфална победа над непријателот ѓаволот. Така, кој и да верува во Исус Спасителот кој умрел на крстот и воскреснал три дена подоцна да го искупи човештвото од сите гревови може да биде прогласен за праведен и да биде спасен.

Зошто Исус беше Распнат на Дрвениот Крст?

Зошто тогаш, Исус требаше да биде распнат на дрвениот крст? Зошто требаше да биде дрвен крст? Меѓу различните начини на егзекуција, Исус умрел на дрвениот крст. Според Галатјаните 3:13-14, има три духовни причини зошто Исус беше распнат на дрвениот крст.

Прво, да не Искупи од Клетвата на Законот

Во Галатјаните 3:13 пишува, *"Христос не искупи од клетвата на Законот, откако поради нас стана клетва, бидејќи е напишано: 'Секој да е проклет што виси на дрво!'"* Тој објаснува дека Исус не искупил од клетвата на Законот со тоа што бил обесен на дрвениот крст.

Сите луѓе беа проколнати и на тој начин предодредени да одат по патот на смртта поради непослушноста на првиот човек Адам како што е напишано во Римјани 6:23, *"Платата за гревот е смртта."* Сепак, Бог го дал Неговиот Син Исус за човештвото и дозволил Тој да биде обесен на дрвен крст за да ги искупи нив од клетвата на законот (Повторени Закони 21:23).

Понатака, Исус ја пролеа Неговата скапоцена крв на крстот. Погледнете ги стиховите 11 и 14 од Левит 17:

Зашто душата на секое тело е неговата крв, и Јас ви ја дадов за жртвеникот за да се молите за душите ваши, бидејќи таа крв ќе се помоли место душата (с. 11).

Зашто душата на секое тело е во крвта негова (с. 14).

Авторот на Левит пишува дека животот е крв бидејќи секое суштество има потреба од крв за да живее и би умрело без истата.

Сепак, кога некој ќе умре, неговото тело се враќа назад во прав, а неговата душа ќе оди или во рајот или во пеколот. За да добиете вечен живот вам мора да ви бидат простени сите ваши гревови. Да ви бидат простени вашите гревови мора да има пролевање на крв како што е наложено во Евреи 9:22, *"И скоро се според Законот со крв се очисти, и без пролевање на крв проштевање не станува."* Поради оваа причина, луѓето во Стариот Завет морале да ја понудат крвта на животните кога и да направеле грев. Сепак, Исус ја пролеал Неговата скапоцена крв еднаш и засекогаш да направи да му биде простено на човештвото и да добие вечен живот бидејќи Тој Самиот не го имал ниту првобитниот грев ниту самиот направил грев.

На овој начин, вие можете да добиете вечен живот

поради скапоцената крв на Исус. Со други зборови, Исус умрел на ваше место и го отворил патот за вие да станете чедо Божјо.

Второ, да се Даде Благословот на Авраам

Првата половина од Галатјаните 3:14 вели дека *"Та благословот на Авраама да се распространи над незнабошците."* Ова значи дека Бог го дава благословот даден на Авраама не само на Израелците туку исто така и на сите незнабошци кои се прогласуваат за праведни со прифаќањето на Исус како нивен Спасител.

Авраам е наречен "татко на вербата" и "пријател Божји," и тој живеел во благослов на деца, здравје, долговечност и така натаму. Причината зошто Авраам бил изобилно благословен е наведена во Битие 22:15-18:

Ангелот ГОСПОДЕН повторно го викна од небото Авраама, и рече, "Се колнам во Себе, вели Бог, кога така направи, и не го пожали саканиот свој син заради Мене. Навистина, јас ќе те благословам и преблагословам, и потомството твое ќе го умножам и преумножам како ѕвездите на небото и како песокта на морскиот брег! А потомците твои ќе ги завладеат градовите на непријателите свои. И ќе бидат благословени преку потомството твое сите народи на земјата, зашто го послуша гласот Мој."

Авраам послушал кога Бог му го рекол следново *"Излези од земјата своја, и од родот свој, и од домот на татка си, па појди во земјата, што ќе ти ја покажам Јас"* (Битие 12:1). Тој исто така послушал без никакво оправдување или притужби кога Бог рекол, *"Земи го сега саканиот син твој Исака, па оди во земјата Морија, и принеси го таму како жртва сепаленица на една горичка што ќе ти ја покажам!"* (Битие 22:2). Ова беше можно за Авраам бидејќи тој веруваше во Бога кој може да ги оживува мртвите (Евреите 11:19). Тој беше во можност да биде благослов и татко на верата бидејќи имаше таква цврста верба.

Затоа, чедата Божји што ќе го прифатат Исус како нивен Спасител треба да ја имаат вербата на Авраам. Тогаш ќе можете да го прославувате Бога со добивање на сите благослови на земјата.

Трето, да се Даде Ветување на Духот

Втората половина на Галатјани 3:14 вели, *"За да го добиеме ветениот Дух преку верата."* Ова значи дека секој кој верува дека Исус умрел на дрвениот крст за сето човештво е ослободен од клетвата на законот и го добива ветувањето на Светиот Дух. Како дополнение, кој и да го прифати Исус како Спасител ја добива власта на чедо Божјо и Светиот Дух како дар и сигурност (Јован 1:12; Римјани 8:16).

Кога го примате Светиот Дух, вие можете да повикате

кон Бога "Ава, Оче" (Римјани 8:15), вашето име е запишано во Книгата на Животот во рајот (Лука 10:20), и вие имате жителство на рајот (Филипјани 3:20). Ова е така бидејќи Светиот Дух што е срцето и силата на Бога ве води кон вечен живот со тоа што ви помага да го разберете Словото Божјо и да живеете според Неговото Слово со верба.

Сепак, вие ќе бидете спасени кога не само што ќе го признаете Исуса како ваш Спасител туку исто така ќе верувате во вашето срце дека Тој ги скршил прангите на смртта и воскреснал. Римјани 10:9 посведочува за ова: *"Оти, ако со устата Го исповедаш Господа Исуса и со срцето свое поверуваш дека Бог Го воскресна од мртвите, ќе се спасиш."*

Пред сите векови, Бог предодредил голем план да направи оние кои што веруваат во Исус како Спасител да станат обединети со Бога и да ги води кон спасение. Планот е многу извонреден и мистериозен. Човечките суштества морале да одат по патот на смртта бидејќи гревот на првиот човек според законот на духовното кралство наведува дека "Платата за гревот е смртта." Сепак, тие може да бидат ослободени од клетвата на законот и спасени во вербата од истиот закон поради прекршувањето на законот на духовното кралство од страна на Сатаната.

Човечките суштества морале да страдаат од болки, неволји и смрт што непријателот ѓаволот им ги донел кога тие станале робови на гревовите поради непослушноста. Сепак, кој и да го прифати Исус како Спасител и го прими Светиот Дух може да стекне спасение, вечен живот, воскресение и изобилни благослови.

Привилегиите и Благословот Даден на Чедата Божји

Кој и да го отвори своето срце и го прифати Господ Исус Христос добива прошка, го добива правото да стане чедо Божјо и ужива во мирот и радоста во своето срце. Ова е можно бидејќи Исус ги презел сите наши гревови еднаш и засекогаш со Неговото распнување. Па, вака се вели во Псалм 102:12, *"Колку е далеку исток од запад, толку ги оддалечил Он од нас нашите беззаконија."* Исто, пишува во Евреите 10:16-18 дека *" 'Тоа е заветот што ќе им го дадам оние дни, вели Бог: 'Ќе ги вложам законите Свои во срцата нивни, и во мислите нивни ќе ги напишам,' Он додава, 'И за гревовите и беззаконијата нивни нема веќе да се сетам.' А каде што има проштавање за нив, таму веќе нема приноси за грев."*

Не постои ништо на светот што заслужува да се спореди со правото на чедата Божји што им е дадено преку верба. Во овој свет, правата на деца на крал или претседател се многу големи. Колку е тогаш големо правото на чедата на Бог Создателот кој управува со светот и раководи со човечката историја и универзумот?

Бог не смета дека се работи за вистинска верба кога вие само тврдите, "Исус е Спасителот." Вие треба да разберете кој е Исус Христос, зошто Тој е единствениот Спасител за вас, и да имате вистинска верба врз основа на тоа знаење.

Тогаш, со таа вистинска верба, вие можете да го согледате провидението Божјо скриено во крстот и да посведочите "Господ е Христос и Син на живиот Бог." Дополнително, вие можете да живеете според волјата Божја. Без ваква вистинска верба, многу е тешко за вас да имате верба што доаѓа од срцето и да живеете во склад со словото Божјо. Поради тоа, како што Исус ни кажува во Матеј 7:21, *"Не секој што Ми вели, 'Господи, Господи,' ќе влезе во царството небесно, а оној што ја исполнува волјата на мојот Отец небесен."* Исус експлицитно кажува дека не само луѓето што му велат "Господе, Господе" туку и што живеат според волјата и Словото Божјо ќе бидат спасени.

Нема друго име на Светот освен "Исус Христос"

Делата на Светите Апостоли 4 портретираат сцена во која Петар и Јован храбро го посведочуваат името на Исус Христос пред Синедрионот. Тие искрено верувале дека нема друго име освен "Исус Христос" преку кое човек може да постигне спасение, а Петар кој беше исполнет со Свет Дух, беше овластен да објави *"Зашто под небото нема друго име дадено на луѓето со кое би можеле да се спасиме"* (Дела на Светите Апостоли 4:12).

Кои духовни импликации постојат во името "Исус Христос"? И зошто Бог не ни дал друго име освен Исус Христос преку кое ние мора да постигнеме спасение?

Разликата помеѓу "Исус" и "Исус Христос"

Делата на Светите Апостоли 16:31 ни велат *"Поверувај во Господа Исуса Христа, и ќе се спасиш ти и целиот твој дом."* Постои важна причина зошто е напишано "Господ Исус," а не само "Исус."

Тука, "Исус" се однесува на човек кој ќе го спаси својот народ од нивните гревови. "Христос" е грчки збор што значи "Месија" на Еврејски. Тоа е "оној кој што беше помазан" (Дела на Светите Апостоли 4:27) и се однесува на Спасителот кој е Посредник помеѓу Бога и луѓето. Со други зборови, "Исус" е името на нашиот иден Спасител, но "Христос" е името на Спасителот кој веќе го спаси човештвото.

Во времето на Стариот Завет, Господ ја помазувал личноста што би била крал, свештеник, или пророк, со истурање масло врз главата на тој што станувал помазан (Левит 4:3; 1 Самуил 10:1; 3 Царства 19:16). Маслото го симболизира Светиот Дух. Затоа, да се помази некој значи да му се даде Светиот Дух на личноста избрана од Бога.

Исус бил помазан како Крал, Првосвештеник и Пророк, и дошол на овој свет во тело да го спаси сето човештво според провидението на Бога што било предодредено пред сите векови. Тој бил распнат да не искупи, и стана наш Спасител со воскреснувањето на третиот ден. Следствено, Тој е Спасителот што го има исполнето Божјото провидение за спасението. Тоа значи, Тој е Христос.

За Исус пред распнувањето, ние Него го споменуваме

единствено како "Исус." Сепак, по распнувањето и воскреснувањето, Него треба да го именуваме како "Исус Христос," "Господ Исус," или "Господ."

Вие треба да знаете дека постои голема разлика во силата помеѓу "Исус" и "Исус Христос." Исус е името со кое му се обраќале пред да го исполни провидението на спасението и непријателот ѓаволот не се плаши од тоа име толку многу. Името "Исус Христос," сепак, укажува на следниве три нешта: крвта што не искупила од нашите гревови; воскресение што ги скршило прангите на смртта; и живот кој е вечен. Пред ова име, како и да е, непријателот ѓаволот трепери од страв.

Многу луѓе го запоставуваат овој факт бидејќи тие не ја разбираат оваа разлика. Сепак, вистина е дека делата Божји и одговорот ќе бидат различни според тоа кое име ќе го повикаш (Дела на Светите Апостоли 3:6).

Кога му се молите на Бога во името на нашиот Господ Исус Христос и го имате овој факт на ум, вие ќе водите победнички живот исполнет со навремени и изобилни одговори од вашиот Семоќен Бог.

Исусовото Потполно Покорување

Иако Исус бил Господ во неговата суштина, Тој не ја сметал еднаквоста со Бога нешто што треба да се зграби, ниту да се повика на Неговите права како Господ. Тој Себе си се направил ништо; избрал понизна позиција на роб и се појавил во облик на човечко суштество.

Добриот слуга нема своја сопствена волја. Тој дејствува според волјата на неговиот господар наместо според неговата сопствена. Тоа е должност на слугата, да ја почитува волјата на неговиот господар без оглед дали е или не е во согласност со неговата сопствена волја и чувства. Исус ја почитувал Господовата волја со срце на добар слуга, и затоа можел да ја исполни Неговата мисија за човечко спасение.

Господ го издигнал Исуса, кој ја почитувал волјата Божја, велејќи, "Да" и "Амин," до највисоките позиции и допуштил многу луѓе да посведочат дека Тој е Господ.

Па затоа, и Бог високо Го издигна и Му даде име, што е над секое име, та во името на Исуса да ги преклони колената на се што е небесно, земно и подземно, и секој јазик да исповеда дека Исус Христос е Господ, за слава на Бога Отецот. (Филипјаните 2:9-11).

Името "Господ Исус" Сведочи за Силата Божја

Се вели во Јован 1:3, *"Се стана преку Него, и без Него ништо не стана, што стана."* Како што сите нешта на светот беа создадени преку Исус, Тој имаше власт да владее врз сите нешта како Создател. Кога Исус Синот Божји, Синот на Бога Создателот заповедаше, безживотните нешта како што е олујниот ветар и брановите го послушаа Него и се смирија, и смоквиното дрво веднаш се исуши кога Тој го проколна.

Исус имаше власт да проштева гревови и да ги спаси грешниците од казната за нивните гревови. Така, Исус му рече на еден фатен во Матеј 9:2, *"Не плаши се чедо! Ти се простуваат гревовите твои!"* и кажува во стих 6, *"'Но за да знаете дека Синот Човечки има власт на земјата да проштава гревови.' Тогаш му рече на фатениот, 'Стани, земи си ја постелата и оди си дома.'"*

Како дополнение, Исус ја имал силата да излекува секакви видови на болести и инвалидност, и да ги оживува мртвите. Јован 11 опишува сцена во која мртвиот Лазар излегол од гробот со неговите раце и нозе обвиени со парчиња платно кога Исус повикал со силен глас, "Лазаре, излези". Тој бил мртов веќе четири дена и ширел лоша миризба, но излегол надвор од гробот како здрав човек.

На истиот начин, Исус ви дава се што ќе побарате со верба бидејќи Тој ја има неверојатната сила на Бога.

Исус Христос, Љубовта Божја

Како што е кажано во 1 Јован 4:10, *"Во тоа се состои љубовта, што не ние Го засакавме Бога, туку Бог нас не возљуби и Го прати Синот Свој за да ги очисти гревовите наши,"* Бог ја покажа Неговата извонредна љубов за нас. Тој го испратил Неговиот еден и единствен Син како искупувачка жртва кога ние сеуште бевме грешници. Бог мораше да издржи голема болка и го отвори патот за човечкото спасение кога Неговиот Син Исус беше закован на крст и ја пролеа крвта. Како Богот на љубовта се чувствувал, кога Тој морал да го види Неговиот еден и единствен Син Исус распнат? Бог не беше во можност да го гледа тоа седејќи на Неговиот престол. Матеј 27:51-54 ни кажува колку многу Бог страдал кога Исус беше распнат.

И наеднаш, се расцепи црковната завеса на два дела, од горниот крај до долниот; и земјата се затресе; и карпи паднаа; и гробови се отворија; и многу тела на упокоени светии воскреснаа; па како излегоа од гробовите, по воскресението Негово, влегоа во светиот град и се јавија на мнозина. А стотникот и оние што со него заедно Го чуваа Исуса, откако го видоа земјотресот и се друго што стана, се уплашија многу и говореа: "Навистина Овој бил Син Божји!"

Ова јасно покажува дека Исус бил распнат не поради Неговите сопствени гревови туку поради големата љубов на Бога да го одведе сето човештво на патот на спасението. Сепак, толку многу луѓе не ја прифаќаат или разбираат оваа извонредна љубов на Бога.

По непослушноста на Адам, човечките суштества не можеа да бидат со Бога и станаа луѓе со грешна природа. Сепак, Исус дојде на земјата и стана Посредник меѓу Бога и нас за Тој да може да му ги даде благословите на Емануел на сето човештво (Матеј 1:23). Преку болката и страдањата на Исус на крстот, ние се здобивме со вистински мир и спокој.

Затоа, се надевам дека вие ја разбирате огромната љубов

на Бога кој ни го даде Неговиот единствен Син како откуп да не искупи од гревовите и вечната смрт, и жртвената љубов на Господа кој, иако беше безгрешен, беше распнат во наша корист и го отвори патот на спасението.

Глава 6

Провидението на Крстот

- Роден во Штала и Положен во Јасли
- Исусовиот Живот во Сиромаштија
- Бил Камшикуван и ја Пролеал
  Неговата Крв
- Носејќи Круна од Трње
- Облеката и Туниката на Исус
- Закован на Неговите Раце и Нозе
- Исусовите Нозе не беа Скршени
  но бил Прободен од страна

Но Тој Ги зеде врз Себе нашите болки и Ги понесе нашите слабости; а ние мислевме, дека Тој беше поразуван, казнуван и понизуван од Бога. А Тој беше изнаранет за нашите гревови и мачен заради нашите беззаконија; казната за нашиот мир падна врз Него, а преку Неговите рани ние се излекувавме. Сите ние бевме заблудени како овци, се отстрани секој од патот свој, - и ГОСПОД ги возложи врз Него гревовите на сите нас.

Исаија 53:4-6

Во планот на Бога за стекнување на вистински чеда, најважниот дел е дека Исус дошол во тело на овој свет, беше измачуван со секакви видови на страдања, и умре на крстот. Преку сето ова, Тој го исполнуваше патот за спасение на човечките суштества.

Провидението на Бога за крстот има длабоко духовно значење. Исус, едниот и единствениот Син Божји, откажувајќи се од сета небесна слава, беше роден во простор за животни, и живееше во сиромаштија низ целиот Негов живот.

Како дополнение, Тој беше камшикуван и закован на Неговите раце и нозе, носеше венец од трње и пролеа крв и вода откако го пробија со копје од страната. Секое страдање што Исус го искуси ја содржи сеопфатната љубов на Бога.

Кога вие потполно ќе го разберете духовното значење на крстот и страдањата на Исус, вашето срце сигурно ќе биде трогнато за љубовта Божја и вие ќе имате вистинска верба. Вие исто така можете да добиете одговори за сите проблеми во вашиот живот како што се сиромаштијата и болестите, како и за вечното царство небесно .

Роден во Штала и Положен во Јасли

Исус, кој во самата своја суштина е Бог, беше господар на сите нешта во рајот и на земјата и највозвишено суштество. Сепак, Тој дојде во тело на овој свет со цел да го искупи човештвото од грев и да ги одведе кон спасение.

Исус е едниот и единствениот Син на Семоќниот Бог Создателот. Зошто, тогаш, не беше Тој роден во луксузно место или барем во удобна соба? Не можеше ли Бог да овозможи Тој да биде роден во некое величествено место? Зошто Тој дозволи Исус да се роди во штала и да биде положен во јасли?

Постои длабоко духовно значење во ова. Вие треба да знаете дека Исус беше духовно роден на највозвишен начин. Иако луѓето не беа во можност да го видат тоа со нивните физички очи, Бог беше толку среќен со самото раѓање на Исус што Тој го опкружи младенецот Исус со светлина на славата во присуство на многубројни небесни сили и ангели. Можете да почувствувате дел од Неговото возбудување преку Лука 2:14, кој го запишал следново: *"Слава на Бога во висините, а на земјата мир и меѓу луѓето добра волја."* Бог исто така подготвил добри пастири и Мудреци од Исток и ги водеше да му се поклонат на младенецот Исус.

Сите пофалби и обожување се случија бидејки Исус ќе ја отвори вратата на спасението со Неговото доаѓање на овој свет, големо мноштво на луѓе ќе влезат во вечните небеса како чеда Божји, и Исус Синот Божји ќе биде Крал над кралевите и Господар над господарите.

Божјото Провидение Скриено во Раѓањето на Исус

Кога Исус се роди, Август Цезар издаде декрет да се изврши попис во целата Римска Империја. Евреите беа под колонијално владение на Рим и се враќаа во нивните родни места да се попишат, почитувајќи ја наредбата на Цезар.

Јосиф исто така тргнал со неговата вереница Марија од градот Назарет во Галилеја до Витлеем градот на Давид, бидејќи тој припаѓал на лозата и на Давидовото колено. Марија му била ветена на Јосиф и зачнала дете од Светиот Дух пред да заминат таму, и го родила нејзиниот првороденец Исус додека тие престојувале таму.

Името "Витлеем" значи "Дом на Лебот," и беше родниот град на Кралот Давид (1 Самуил 16:1). Михеј 5:2 пишува за градот Витлеем како што следи: *"И ти, Витлееме Ефратов, иако си најмал меѓу илјадниците Јудејци, од тебе ќе ни излезе Оној, Кој треба да владее во Израилот и чие потекло е од почетокот, од вечноста."* Витлеем беше претскажан како родно место на Месијата.

Во тоа време немаше место за Марија и Јосиф во ниту една гостилница, бидејќи илјадници луѓе беа дојдени во Витлеем да се попишат. Таму, Марија го роди младенецот во штала. Таа го завитка Него во повојница и го положи Него во јасли, долго корито што се користи за хранење на крави или коњи.

Тогаш, зошто беше Исус, кој дојде како Спасител на човечките суштества роден на вака скромен и понизен начин?

Да се Искупат Луѓето налик на Животни

Во Еклизијаст 3:18 пишува, *"Си реков во срцето свое и за синовите човечки – дека Бог ќе ги испита, и ќе им покаже оти тие сами по себе се животни."* Луѓето, кои го изгубија образот Божји, се како животни во погледот Господов. Првиот човек Адам на почетокот беше живо суштество создадено според образот на Бога. Тој исто така беше човек на духот бидејќи Бог го поучи единствено на Словото на вистината.

Сепак, Адам јадеше од плодот на дрвото на познавање на доброто и на злото против заповедта на Бога, па така неговиот дух умре и тој повеќе не можеше да комуницира со Бога. Како дополнение, тој веќе не беше господар на сите созданија. Сатаната го насочи Адам да ја следи грешната природа, а неговото чисто и вистинољубиво срце се смени во грешно и нечесно срце.

Во вашиот секојдневен живот, можеби некогаш сте го слушнале изразот "Тој не е подобар од животно." Често слушате за луѓе кои што не се подобри од животни преку медиумите. За нивна сопствена корист тие лесно ги мамат и лажат нивните соседи, клиенти, пријатели, и членови на семејството. Родителите и децата се мразат и понекогаш се чини дека се подготвени да се убијат едни со други.

Луѓето се осудуваат да прават такви зли дејствија бидејќи душата станува господар на човекот по смртта на духот, и тие го изгубиле образот Божји поради нивните гревови. Како животни што единствено се направени од душа и тело, таквите луѓе не можат да влезат во рајот ниту пак може да повикаат кон Бога Ава Оче. Исус беше роден во штала да ги искупи човечките суштества кои не се подобри од животните.

Исус е Вистинска Духовна Храна

Исус беше положен во јасли, сад за хранење на коњи, со цел да биде вистинска духовна храна за човечките суштества кои не се подобри од животни (Јован 6:51).

Со други зборови, беше Божествено провидение да се води човекот кон потполно Спасение со тоа што ќе му се овозможи да го врати изгубениот образ Божји и да ја извршува целосната должност на човек. Што, тогаш, е целосна должност на човекот? Еклизијаст 12:13-14 ни обезбедува одредени согледувања:

А суштината на се е: бој се од Бога и пази ги Неговите заповеди, зашто сето тоа е за човекот, оти Бог ќе изведе на суд секоја работа и што е тајно, било да е добро или лошо.

Што значи "бој се од Бога"? Мудрите Соломонови изреки 8:13 ни кажуваат дека *"Стравот БОЖЈИ ја мрази неправдата."* Затоа да се боите од Бога значи повеќе да не прифаќате никакво зло и во исто време да отфрлите секаков вид на зло од длабочината на вашето срце.

Ако навистина се боите од Бога, вие треба да се потрудите

најмногу што можете да отфрлите секаков вид на зло, и да се бориме против гревот и да го отфрлите до точка на пролевање крв. Како што учениците напорно учат за да обезбедат подобра иднина, вие треба да се трудите најдобро што можете да се боите од Бога и да ги исполнувате целосните должности на човек за да уживате во Божјата љубов и благослов.

Во Библијата, можете да ги најдете Божјите заповеди дадени на Неговите чеда како "прави ова; не прави она; чувај го ова; и откажи се од тоа." Од една страна, Бог ни кажува што чедата на Бога треба да прават, а тое е "молитва, љубов, давање благодарност и многу повеќе." Од друга страна Господ ни заповеда да не правиме нешта што водат кон смрт како што се омраза, прељуба и пијанство.

Тој исто така ни кажува да почитуваме извесни заповеди како што се "чувај ја светоста на неделата, денот за одмор," "одржувај ги твоите ветувања." И слични на нив. Господ исто така ни укажува да отфрлиме нешто што е штетно, велејќи, "Избегнувај секаков вид на зло," "Отфрли ја твојата алчност" и така натаму.

Тоа е целосната должност на човекот да се плаши од Бога и да се придржува на Неговите заповеди. Господ ќе не смета за одговорни за секое од нашите дела на Судниот Ден, за секое скриено нешто без оглед дали е добро или зло. Затоа, кога живеете како животно без да ја извршите целосната должност на човек, нормално е за вас да паднете во пеколот како резултат на Божјата пресуда.

Затоа, Исус беше роден во штала и беше положен во јасли

да ги искупи луѓето кои не се подобри од животни и да стане вистинска духовна храна за нив.

Исусовиот Живот во Сиромаштија

Јован 3:35 вели, *"Зашто Отецот го љуби својот Син и се Му даде во раката Негова."* Вие читате во Колосјаните 1:16, *"Бидејќи преку Него е создадено се што е на небесата и што е на земјата, видливо и невидливо; било престоли, било господства, било началства, било власти - се е преку Него и за Него создадено."* Со други зборови, Исус е единствениот Син на Бога Создателот, и Господар на сите нешта на небесата и на земјата.

Зошто, тогаш, Тој дошол на овој свет во една многу скромна и понизна состојба и живеел во сиромаштија иако во својата суштина Тој бил Семоќниот Бог и според секоја мерка бил богат?

Да ги Искупи Луѓето од Сиромаштија

2 Коринтјани 8:9 вели, *"Бидејќи вие ја знаете милоста на нашиот Господ Исус Христос, дека Тој, бидејќи богат, осиромаши поради вас, та и вие да се збогатите преку Неговата сиромаштија."* Провидението на неверојатната љубов на Бога се манифестира во ова. Исус, иако тој беше Крал над кралевите, Господар над господарите, и единствениот Син на Бога Создателот, се откажа од сета

небесна слава, дојде на овој свет, и живееше во сиромаштија издржувајќи го презирот и малтретирањето од луѓето за да ги искупи човечките суштества од сиромаштија.

На почетокот, Бог го создаде човекот да собира и јаде овоштија без пот и да ужива во успешен живот без товарот на тешкотиите. Сепак, откако првиот човек Адам не го послуша Словото Божјо и се расипа, човекот можеше да јаде храна само преку својот сопствен труд. Поради ова, човекот често живее во потреби и сиромаштија.

Сиромаштијата сама по себе не е грев, па така Исус не ја проле Неговата крв за да не искупи од сиромаштија. Сепак, сиромаштијата е клетва што се манифестираше откако Адам не го послуша Бога, така Исус ве направи богати со Неговото живеење во сиромаштија.

Некои велат дека целиот живот во сиромаштија на Исус значи духовна сиромаштија. Сепак, бидејќи Исус беше зачнат преку Светиот Дух и е едно со Господ Отецот, не е правилно да се мисли дека Тој беше духовно сиромашен.

Вие треба да го имате на ум фактот дека Исус живееше во сиромаштија да ве искупи од сиромаштија и за вие да можете да водите изобилен живот со давање на благодарност за љубовта и милоста Божја.

Некои велат дека е погрешно да се бараат пари во молитва. Други мислат дека ако вие сте Христијанин, треба да живеете во сиромаштија. Сепак, тоа воопшто не е волјата Божја.

Во Библијата, можете да прочитате многу Слова на благослови. На пример, вие ќе прочитате во Повторени

Закони 28:2-6 дека:

> *И ќе се пренесат на тебе сите овие благослови и ќе се исполнат, ако го слушаш гласот на Господа, твојот Бог. Благословен ќе бидеш во градот и благословен во полето. Благословен ќе биде плодот на твојата утроба, и плодот на земјата твоја, и плодот на добитокот твој, и плодот на воловите твои, и плодот на овците твои. Благословени ќе бидат житниците твои и оставите твои Благословен ќе бидеш, кога влегуваш, и благословен – кога излегуваш.*

3 Јован 1:2 не упатува, *"Возљубен, се молам да бидеш здрав и во се да ти биде добро, како што и е добро на душата твоја."* Всушност, избраните луѓе од Бога како што се Авраам, Исак, Јаков, Јосиф, и Даниил сите водеа многу просперитетни животи.

Да се Води Богат Живот

Во Неговата праведност, Бог прави да жнеете што сте сееле. Како што родителите сакаат да им ги дадат единствено добрите нешта на нивните деца, вашиот Бог што ве возљуби сака да ви даде се што ќе побарате во молитва (Марко 11:24).

Господ сака да ви даде одговори и благослови, но вие не можете да добиете ништо доколку не побарате или кога барате без никакво разликување. Затоа, доколку се обидувате да жнеете нешто без да сте посеале ништо, вие се подбивате со Бога и одите против духовниот закон.

Некој може да рече, "Сакам да садам, но не можам бидејќи сум многу сиромав." Сепак, во Библијата, вие можете да најдете многу луѓе што беа многу сиромашни но се трудеа најдобро што можат да сеат и беа многу богато благословени како награда.

Во 1 Царства 17, ние читаме дека имало три и пол години глад во земјата. Додека сеуште владееше гладта, една вдовица во Сарепта Сидонска направи мала пресна пита за пророкот Илија со грст брашно од ноќвите и малку масло од масларникот што било се што имала. Бог беше толку задоволен што таа му служеше на Неговиот слуга и изобилно ја благослови: брашното во ноќвите да не сврши и маслото во масларникот да не се намали до оној ден, во кој Бог ќе даде дожд на земјата (3 Царства 17:14).

Во една прилика додека Исус беше жив, сиромашна вдовица стави две многу мали парички, со вредност од делче од цент, во благајната на храмот. Сепак, Исус ја пофали, велејќи дека сиромашната вдовица ставила повеќе отколку сите други. Тоа беше бидејќи таа даваше од нејзината сиромаштија и стави се — се што таа имаше, додека другите даваа само делче од она што го имаат (Марко 12:42-44).

Најважното нешто е вашиот ментален склоп да му давате се на Бога. Господ не го гледа количеството на вашите прилози туку ја мириса пријатната арома на љубовта и вербата содржана во прилозите и изобилно ве благословува.

Бил Камшикуван и ја пролеал Неговата Крв

Пред распнувањето, Римските војници го исмеваа и се подбиваа со Исус со удирање по Неговото лице, плукање по Него и така натаму. Тие исто така го камшикуваа Исус со камшик, долга кожена лента со закачени делови од олово што висат на него.

Во тоа време, Римските војници беа од најголемите, добро дисциплинирани и најсилни сили во светот. Колку голема била болката кога тие му ги слекле алиштата Нему, и го камшикувале? Кога го удираа Неговото тело со камшик, Неговото месо беше раскинато, коските беа излезени и крвта истекуваше.

За да се исполни пророштвото на Исаија *"Грбот Свој го подметнав на оние што Ме биеја, и образите свои на оние што Ме удираа; лицето Свое не го скрив од подбив и плукање"* (Исаија 50:6), Исус не се ни обидувал да избегне неко од камшикувањата.

Да Лекува Болести и Слабости

Зошто, тогаш, беше Исус тепан со камшик и зошто Тој ја пролеа Неговата крв? Зошто Бог дозволи ова да му се случи на Неговиот Син? Исаија 53 ја објаснува целта на Исусовите патења и болка.

А Тој беше изнаранет за нашите гревови и мачен

заради нашите беззаконија: казната за нашиот мир падна врз Него, а преку Неговите рани ние се излекувавме. Сите ние бевме заблудени како овце, се отстрани секој од патот свој, - и Господ ги возложи врз Него гревовите на сите нас. (Исаија 53:5-6).

Исус беше изнаранет и мачен за нашите гревови и беззаконија. Тој беше казнет, камшикуван и искрвари да ви даде мир и да ве ослободи од сите болести.

Во Матеј 9, кога Исус излекувал парализиран човек кој лежи на постела, Тој прво го решил неговиот проблем со гревовите, велејќи, *"Ти се простуваат гревовите твои"* (с. 2). Само потоа, Исус му кажа *"Стани, земи си ја постелата и оди си дома"* (с. 6).

Во Јован 5, откако Исус излекувал еден кој бил инвалид триесет и осум години, Тој му рекол нему, "Ете сега си здрав и не греши веќе, за да не те снајде нешто полошо" (Јован 5:14).

Библијата ни кажува дека болестите доаѓаат врз вас поради вашиот грев. Така ви треба некој кој може да го реши вашиот проблем со гревовите, за да бидете ослободени од болести. Без пролевање на крв, сепак, не може да има простување (Левит 17:11).

Ете зошто, во текот на Стариот завет, која некој ќе направи грев, свештеникот коле животно како една жртва за искупување. Сепак, вие веќе немате потреба да колете животни како ваша понада откако Исус дојде во тело на овој свет и ја пролеа Неговата безгрешна, беспрекорна, и силна крв. Светата крв на Исус е за искупување на сите гревови на човечките суштества во минатото, сегашноста, па дури и во иднината.

Да ги Преземе Нашите Слабости и Болести

Матеј 8:17 пишува, *"За да се исполни кажаното преку пророкот Исаија, кој вели: 'Он ги зеде на себе нашите немоќи и ги понесе болестите.'"* Затоа, ако знаете зошто Исус беше камшикуван и ја пролеа Неговата крв, и верувате во тоа, вие не треба да страдате од слабости и болести.

Во 1 Петар 2:24 пишува, *"Он сам ги изнесе нашите гревови на дрвото со телото Свое, та за гревовите да умреме, а да живееме за правдата: преку Неговата рана се исцеливте."* Во овој стих се користат зборови со важност до сега бидејќи Исус веќе ги искупил сите гревови на човечките суштества.

Без разлика на тврдењето да се верува во фактот дека Исус ги понесе нашите слабости и болести со тоа што беше врзан и крвареше, зошто некои од нас сеуште страдаат од болести?

Господ вели во Исход 15:26, *"И му рече: Ако го послушаш добро гласот на ГОСПОДА твојот Бог, ако правиш, што е угодно пред очите Негови, ако ги слушаш заповедите Негови, ако ги пазиш сите наредби Негови, нема да ти пратам ниедна од болестите, што ги пратив над Египет; зашто Јас сум ГОСПОД Бог, твој целител."*

Ова значи дека ако правите она што е исправно од гледна точка на Бога, никаква болест нема да ве мачи, бидејќи Господ со Неговите очи како пламнат оган ве штити од нив.

Да земеме еден пример. Кога дете доаѓа дома плачејќи бидејќи било натепано од детето од соседството, одговорноста на родителите и ставот спрема овој настан може да биде многу различен во зависност од нивната верба.

Едни може да го учат нивното дете вака: "Зошто ти си секогаш претепан? Ако те удри еднаш, удри го и ти него два-три пати." Друг родител може да ги посети родителите на детето кое го истепало нивното дете и да им се пожали. Некој друг родител не превзема ништо, но тој може да биде многу вознемирен или огорчен во неговото срце.

Сепак, Господ ви кажува да го надминете злото со добрина, да ги сакате дури и вашите непријатели, и да барате мир со сите, велејќи, *"Јас, пак ви велам, да не се противите на злото. Ако некој те удри по десниот образ, заврти му го и другиот"* (Матеј 5:39).

Затоа, ако правите она што е добро од Негова гледна точка, не е тешко за вас да ги одржувате Божјите заповеди и одлуки. Кога продолжувате да се молите и да се трудите најдобро што можете, Божјата милост и сила ви надоаѓа и вие можете лесно да направите било што со помошта на Светиот Дух.

Ако ги отфрлите гревовите и правите она што е исправно од гледна точка на Бога, болестите неможат да ве совладаат. Дури иако болестите ве совладаат, Бог Исцелителот ви ги простува гревовите и ќе ве излекува целосно кога се обидувате да откриете што не е во ред од гледна точка на Бога и да се покаете за тоа со целото ваше срце.

Дури иако признаете со усните дека Бог е семоќен, ако се потпрете на светот или одите во болница кога сте соочени со проблем или болест, Бог не е задоволен со вас бидејќи ова докажува дека вие не верувате вистински во Семоќниот Бог (2 Летописи 16).

Носејќи Круна од Трње

Круната е всушност за кралот со неговата кралска облека. Иако Исус беше еден и единствен Син на Бога, Крал над кралевите и Господар над господарите, Тој носеше круна направена од долги и цврсти трње наместо прекрасна круна направена од злато, сребро и скапоцени камења.

Потоа управниковите војници Го зедоа Исуса во судницата и ја собраа целата чета околу Него, па откако Го соблекоа, Му облекоа багреница; и сплетоа трнов венец, Му Го кладоа на главата и Му дадоа во десната рака трска; и паѓајќи на колена Му се потсмеваа и велеа: "Радувај се Царе Јудејски!" И плукаа на Него, и како ја зедоа трската Го удираа по главата. (Матеј 27:27-30).

Римските војници сплетоа трње за да направат круна премала за Исус, и да ја стават цврсто на Неговата глава. Така трњето ја прободе Неговата глава и челото, и крв го прекри Неговото лице. Зошто Семоќниот Бог дозволи Неговиот еден и единствен Син да носи круна од трње, патејќи од болка од казната, и да ја пролее Неговата крв?

Прво, Исус носеше круна од трње за да не искупи од гревовите кои ги направивме во мислите.

Кога човекот, создаден од Бога, комуницираше со Него и го почитуваше Неговото Слово, тој не чинеше грев бидејќи секогаш размислуваше во согласност со Божјата волја и го почитуваше Него.

Сепак, кога еднаш тој беше искушен од змијата и прими мисла дадена од Сатаната, тој наскоро направи грев. Тој никогаш претходно не помисли да вкуси плод од дрвото за познавање на доброто и на злото. Откако беше искушен, сепак, тој јадеше бидејќи изгледаше дека е добро за јадење и убаво за очите а исто така пожелно поради знаењето.

Исто така, Сатаната, кој го водеше првиот човек Адам и Ева да не го послушаат Бога, работи сега да ве наведе да направите грев во мислата.

Во човечкиот мозок, има клетки одговорни за паметењето. Дури и од раѓањето, она што сте виделе, слушнале, и научиле е сместено во мемориските клетки со вашите сопствени чувства за посебни настани, лица и информации. Ова го нарекуваме "знаење." Она што го нарекуваме "мисла" е процесот на репродукција на ова складирано знаење преку дејствувањето на вашата душа.

Луѓето израснале во различни средини. Што тие виделе,

слушнале, и научиле е различно кај секој од нив и она што е сместено во нивниот ум е исто така различно. Дури иако она што тие виделе, слушнале, и научиле е исто, секој има негови сопствени чувства во тој миг и затоа, е неизбежно луѓето да имаат различни вредности.

Словото Божјо често не е во согласност со нашето сопствено знаење и теории. На пример, вие можете да мислите дека доколку сакате да бидете возвишен, треба да ги преземете сите можни чекори да победите над другите. Сепак, Господ ве учи дека секој кој се покорува себеси ќе биде возвишен (Матеј 23:12).

Најмногу од луѓето мислат дека е многу природно да го мразат нивниот непријател, но Бог ви кажува да го "Сакате вашиот непријател" и "Ако вашиот непријател е гладен, нахранете го; ако е жеден, напојте го."

Мислите на Бога се духовни но мислите на човекот се телесни. Сатаната ви дава телесни мисли па така тој ве искушува да го избегнувате Бога, ве спречува да се здобиете со вистинска верба и ве води да ги следите световните патишта, што во крајна линија води до грев и вечна смрт.

Во Матеј 16:21 и следните стихови, Исус им објаснува на Неговите ученици дека Тој ќе пати многу, и дека Тој ќе биде убиен на крст и ќе воскресне на третиот ден. Кога го слушнал ова, Петар го тргнал Исус на страна и почнал да го прекорува Него, велејќи, *"Биди милостив кон Себе, Господи! Тоа со Тебе нема да се случи"* (с. 22). Сепак, Исус се свртел и луто му рекол на Петар, *"Бегај од Мене Сатано! Ти си Ми соблазан, оти мислиш не за она што е Божјо, а за она, што е човечко"* (с. 23). Кога Исус луто рекол "Бегај од Мене Сатано!," Тој не мислел дека Петар е Сатаната, туку дека тоа бил самиот Сатана кој работел во мислата на Петар да го попречи делото Божјо.

Тоа беше така бидејќи Исус морал да носи крст за спасение на човештвото во согласност со волјата Божја, но Петар се обидел да го спречи Него од извршување на Божјата волја со неговите телесни мисли.

Апостолот Павле пишува во 2 Коринтјани 10:3-6 вака:

Зашто, иако во тело одиме, телесно не се бориме. Оружјето на нашето војување не е телесно, но со помошта Божја е силно да разрушува тврдини; со него ние уништуваме мудрувања, и секое превознесување, што се крева против познавањето на Бога, и поробуваме секој разум, за да му биде покорен на Христа. И спремни сме да казниме секаква непослушност кога ќе се изврши вашата послушност.

Вие треба да се откажете од вашите сопствени аргументи и размислувањето, кои се поставени така и често работат против царството Божјо. Заробете ја секоја мисла да ја направите потчинета на Христа со цел да живеете во согласност со вистината, и тогаш ќе станете личност на духот и вербата.

Вие треба да ги изгоните мислите дека вие мора да удрите некога двапати за возврат за да не бидете посрамени кога некој ќе ве удри бидејќи оваа телесна мисла е против вистината.

Затоа, вие треба да се откажете од сите гревови кои доаѓаат преку вашите мисли. За да го решите проблемот со гревовите целосно, вие прво треба да ги оставите телесните страсти, похотта во вашите очи и гордоста на животот. Овие се невистините помисли со кои Сатаната се воодушевува.

Страстите на телото, односно, мислите кои произлегуваат од сопствениот ум, се желби против Божјата волја. Галатјаните 5:19-21 го наведува списокот на страсти:

Делата на телото се познати. Тие се: прељубодејство, блудство, нечистотија, бесрамност, служење на идоли, магии, непријателство, кавги, ревнувања, гнев, расправии, несогласности, ереси,зависти, убиства, пијанство, срамни гостувања, и други слични работи; однапред ви велам, како што ви реков и порано, дека оние што го прават тоа, нема да го наследат царството Божјо.

Главното нешто што Бог од вас бара да го остварите е да ги оставите телесните страсти.

Похотата во нечии очи значи дека неговиот ум е под силно влијание на она што го гледа и слуша и тој почнува да ги следи желбите кои се јавуваат во неговиот ум. Кога некој го сака световното барајќи ја похотата од неговите очи, само тие желби се чини дека се вредни и таквиот не може да биде задоволен со ништо.

Горделив ум се јавува кај личноста кога таквата започнува да го поседува задоволството на световното во неговата потрага по задоволувањата на желбите на грешен човек и похотта во неговите очи. Ова се нарекува гордост на животот.

Да не откупи нас од друите видови на неморалност, беззаконие, и зло, Исус носеше круна од трње и ја пролеа Неговата крв. Бидејќи само непорочната и беспрекорната крв на Исус можеше да не искупи од нашите гревови, тој не искупи од сите гревови направени во нашите мисли со носењето на круната од трње на Неговата глава и пролевајќи ја Неговата крв.

Второ, Исус носеше круна од трње за да им овозможи на луѓето да носат подобри круни во рајот.

Друга причина за тоа што Тој носеше круна од трње е да ви овозможи да добиете подобри круни. Како што Тој ве откупи од сиромаштија и ви даде богатство со водење на сиромашен живот, така Тој носеше круна од трње за да ви овозможи да добиете подобри круни во рајот.

Има безброј круни подготвени за чедата Божји во рајот. Има награди како златни медали, сребрени медали, или бронзени медали што им се даваат на победниците според нивното рангирање на атлетските настани. Исто така, има и различни круни во рајот.

Има една трајна круна како што е опишано во 1 Коринтјаните 9:25: *"Секој што се бори, од се се воздржува: -оние за да добијат распадлив венец, а ние траен.* "Таква трајна круна е подготвена за чедата Божји кои се стремат да се откажат од нивните гревови. Круната на славата е подготвена за оние кои се откажуваат од нивните гревови и живеат во согласност со Словото Божјо и го слават Него (1 Петар 5:4). Круната на животот е исто така подготвена за оние кои силно го љубат Бога, верни му се Нему се до смртта, и стануваат свети со откажувањето од секој вид на зло (Јаков 1:12; Откровение 2:10).

Круната на праведноста е дадена на оние кои, како Апостолот Павле, станале свети со отфрлање на сите нивни гревови и повеќе, исполнувајќи ја нивната мисија потполно во согласност со Божјата волја (2 Тимотеј 4:8).

Исто така опишано е во Откровение 4:4 дека *"Околу престолот, пак, имаше дваесет и четири престола; а на престолите видов седнати дваесет и четири Старци, облечени во бели алишта, а на главите светкавици, громови и гласови; имаа златни венци."* Круна од злато е подготвена за луѓе кои го достигнуваат нивото на старец и кои ќе му помагаат на Бога во Нов Ерусалим.

Тука, "старци" не се однесува на луѓето кои ја добиле таа титула во црквите на овој свет, туку опишува луѓе препознаени од Бога како старци бидејќи тие се свети и верни во сите Божји домови, и имаат непроменлива верба од злато.

Господ им дава различни круни на Неговите чеда во зависност од степенот до кој тие се откажале од гревовите и ја постигнале мисијата Божја. Чедата Божји ќе бидат добро во рајот и ќе примат подобри круни доколку не размислуваат како да се задоволат желбите на грешната природа и да се однесуваат пристојно според Словото на Бога (Римјани 13:13-14), ако нивната душа добро се согласува со нив доколку тие живеат според Духот (Галатјаните 5:16), и ако тие верно ја извршуваат нивната должност и мисија!

Исто така, Исус ве искупи од сите гревови направени преку вашите мисли со носењето на круна од трње и пролевајќи крв. Колку треба да бидете благодарни бидејќи Тој подготвува подобри круни во рајот да ви ги даде во склад со силата на вашата верба и исполнувањето на вашата мисија!

Затоа, вие мора да сфатите колку е величествено да ги примите овие круни. Тогаш треба да го имате срцето на вашиот Господ со откажување од секаков вид на зло, добро да напредувате во вашата мисијата, и да бидете верни во сите Божји домови. Се надевам дека вие ќе ја добиете најдобрата круна што можете во рајот.

Облеката и Туниката на Исус

Исус, кој носеше венец од трње и пролеваше крв од целото Негово тело поради силното камшикување, дојде на Голгота, местото на распнувањето. Кога Римските војници го распнаа Исус, тие му ги слекоа алиштата, ги разделија меѓу нив на четири дела, по едно за секого од нив. Тие не ја поделија туниката туку фрлаа жреб за истата.

А војниците, кога го распнаа Исуса, ги зедоа алиштата Негови и ги разделија на четири дела по еден дел на секого и хитонот. Хитонот, пак, не беше шиен, туку исткаен одозгора па додолу. Тогаш си рекоа, "Да не го расипуваме, но да фрлиме за него жреб, чиј ќе биде" – за да се збидне кажаното во Писмото: "Ги разделија алиштата Мои меѓу себе и за облеката Моја фрлија жреб." (Јован 19:23-24).

Зошто Словото Божјо детално објаснува за облеката и туниката на Исус? Историјата на Израел до 70 година по Хр. е длабоко вткаена во духовните импликации на овој настан.

Да се биде Соголен и Распнат

Според Матеј 27:22-26, на барање на Израелците кои не го препознале Исус како Месија, Исус беше осуден на распнување од Понтиј Пилат откако Тој беше исмеан и презрен на различни начини.

По носењето на венец од трње и исмевањето и презирот, Тој го носеше крстот до Голгота и таму беше распнат. Пилат им нареди на војниците да постават натпис со вината Негова над Неговата глава на кој стоеше, *"ОВОЈ Е ИСУС, ЦАРОТ ЈУДЕЈСКИ."* (Матеј 27:37).

Натписот беше напишан на еврејски, латински и грчки јазик. Еврејски беше традиционалниот јазик на Евреите, избраниот народ од Бога. Латинскиот беше официјалниот јазик на Римската Империја, најсилната нација во тоа време, а грчкиот беше јазикот кој доминираше во светската култура. Затоа, натписот напишан на овие три јазици симболизира дека целиот свет го препознал Исус како вистински крал на Евреите и како Крал над кралевите.

Откако го прочитале натписот, во Јован 19:21-22, многу Евреи протестирале кај Пилат да не пишува, "Царот Јудејски" туку наместо тоа да пишува, "Тој сам велеше, Цар Јудејски сум.'" Сепак, Пилат им одговори, "Што сум напишал, сум напишал," и го остави непроменето. Ова значи дека дури и Пилат го признал Исус како крал на Евреите.

Како што Пилат го признал Исус како крал на Евреите, Тој е навистина единствениот Син на Бога, Кралот над кралевите, и Господарот над господарите. Сепак, пред многу луѓе кои го гледаа Него, Исус беше соголен од Неговите алишта и туника и беше распнат на крстот. На тој начин, Тој издржа таков срам кој го крши срцето.

Ние живееме во овој нечесен свет, заборавајќи ја целосната должност на човекот. И да не откупи нас од сите видови на срам, нечесни нешта, злоба, беззаконие, и неморал, Исус Кралот над кралевите беше соголен од Неговата облека и туника и беше посрамен додека многу луѓе го гледаа Него. Ако го разбирате духовното значење на ова, вие не можете да направите ништо друго освен да бидете благодарни за тоа.

Разделувањето на Алиштата на Исус на Четири Дела

Римските војници го соблекле Исус гол и Го распнале. Тие ја зеле Неговата облека и ја поделиле на четири дела но фрлале жреб за Неговата туника.

Здравиот разум ни укажува дека Неговата облека не можело да биде убава или скапа. Тогаш зошто војниците ги разделиле Неговите алишта на четири дела?

Дали тие знаеле, во една далекувидна мудрост, дека Исус ќе биде славен како Месија и дали тие сакале да земат само и делче од облеката за да им го дадат на нивните потомци како скапоцено семејно богатство? Не, тоа не беше случај.

Псалм 22:18 пророкува, *"Ги разделија меѓу себе алиштата Мои и за облеката Моја фрлија жреб."* Господ им дозволил на римските војници да му ја соблечат облеката за да се исполни овој стих (Јован 19:24).

Тогаш, какви духовни импликации предизвикува облеката на Исус? Зошто тие ја разделиле Неговата облека на четири дела, по едно парче за секој од нив? Зошто не ја поделиле Неговата туника? Зошто Господ дозволил оваа приказна претходно да биде напишана?

Бидејќи Исус е крал на Евреите, облеката на Исус се однесува на народот на Израел или на Еврејскиот народ. Како што Римските војници ја поделиле облеката на четири дела, облеката ја изгубила формата. Ова укажува дека Израел како нација ќе биде уништен. Тоа исто така укажува дека името Израел ќе остане како што останале деловите од облеката. На крајот, Словата напишани за Неговата облека пророкуваат дека Еврејскиот народ ќе биде расфрлен на сите страни како резултат на уништувањето на нивната нација. Историјата на Израел сведочи дека ова пророштво е исполнето.

По 40 години од смртта на Исус на крстот, Римски генерал по име Тит го уништил Ерусалим. Божјиот Храм беше потполно уништен без да остане камен на камен. Бидејќи народот на Израел престана да постои, Евреите беа расфрлени насекаде, прогонувани, па дури и убивани. Ова објаснува зошто Евреите живеат низ целиот свет дури и до ден денес.

Матеј 27:23 отсликува ужасна сцена во која Пилат и кажува на нечестивата толпа дека Исус беше невин, но тие викаат се посилно за да го распнат Исус. На тоа, Пилат зел вода и си ги измил рацете за да покаже дека тој не е одговорен за смртта на невиниот Исус, велејќи, *"Невин сум за крвта на Овој Праведник; мислете му вие!"* (с. 24) Тогаш, толпата одговорила, *"Крвта Негова нека падне на нас и на нашите деца!"* (с. 25)

Неверојатен факт е што историјата на Израел јасно покажува дека многу од Евреите и нивните потомци биле убивани, за исполнувањето на нивните барања од Понтиј Пилат. По четири децении од смртта на Исус, околу 1.1 милион Евреи беа убиени. Понатаму, во текот на II-та

Светска Војна, Нацистичка Германија уби околу шест милиона Евреи. Филмот "Шиндлеровата листа" прикажува трагични сцени во кои Еврејскиот народ, без разлика дали мажи или жени, стари и млади, биле убивани без да носат никаква облека. Дури и на криминалец му е дозволено да облече чиста облека кога го егзекутиаат, но Евреите беа соблекувани голи кога беа убивани.

Еврејскиот народ не го препозна Исус Месијата и Го соблекоа гол и Го распнаа. Бидејќи извикуваа, "Крвта негова нека падне на нас и на нашите деца," страшна клетва се спушти врз народот на Израел со векови.

Туниката на Исус беше исткаена одозгора па додолу во еден дел

Јован 19:23 ја опишува туниката на Исус: *"Хитонот, пак не беше шиен, туку исткаен одозгора па додолу."* Тука, "без шевови" во стихот значи дека туниката не била шиена за да се спојат неколку парчиња платно. Најмногу од луѓето не се интересираат за тоа како нивните облеки се направени или дали нивните облеки се исткаени од почетокот до крајот или од крајот до почетокот. Тогаш зошто Библијата ја опишува туниката на Исус во детали?

Библијата кажува дека прататкото на сите човечки суштества е Адам, прататкото на вербата е Авраам, и прататкото на Израел е Јаков. Господ не учи дека прататкото на Израел не е Авраам туку Јаков бидејќи дванаесетте племиња на Израел произлегле од дванаесетте сина на Јаков.

Основачот на нацијата Израел е Јаков иако прататкото на вербата е Авраам.

Господ исто така го благословил Јаков во Битие 35:10-11 на овој начин:

> Името ти е Јаков, но од сега нема да се именуваш
> Јаков, името ќе ти биде Израил. И го нарече
> Израил. И уште му рече Бог: Јас сум твој Бог; плоди
> се и множи се; народ и многу народи ќе настанат
> од тебе и цареви ќе излезат од твоето колено.

Според Словото Божјо споменато во овие стихови, дванаесетте сина на Јаков го формирале рбетот на Израел и Израел беше обединета земја се додека не се поделe во времето на Кралот Ровоам на Израел на Северот и на Јудеа на Југот.

Подоцна, Израел на Северот стана измешан со Незнабожците, а Јудеја остана обединета. Денес народот на Јудеја се нарекува Евреи. Фактот дека туниката на Исус била без шевови, исткаена одозгора па додолу, значи дека нацијата Израел го задржала единството и идентитетот како потомци на Јаков до денешен ден.

Фрлање жреб за Туниката на Исус без Кинење на истата

Тука, туниката го означува срцето на луѓето. Бидејќи Исус е кралот на Израел, Неговата туника укажува на срцето на еврејскиот народ.

Израелците, како Божји луѓе избрани преку нивниот пратато на вербата Авраам, го обожувале вистинскиот Бог над се. Фактот дека тие не ја поделиле туниката укажува дека духот на Еврејскиот народ на Израел кој го обожува Бога бил добро сочуван без да биде искинат на делови иако дури и *народот* или државноста на Израел самите по себе биле на моменти уништувани.

Всушност, Библијата пророкува дека Незнабожците не можеле да го сотрат духот на Израелците кој престојува длабоко во нивните срца. Со други зборови, нивните срца кон Бога биле цврсто одржувани, дури иако нацијата на Израел беше уништена од Незнабожците. Бидејќи тие имаа такво непроменливо срце, Господ ги избрал Израелците како Негов сопствен народ и ги искористил за да го воспостави Неговото царство и праведноста.

Дури и денес, Израелците се обидуваат да го почитуваат законот со едно непроменето срце. Ова е така бидејќи тие се потомците на Јаков кој самиот имал непроменливо срце. Израелците го изненадија целиот свет со стекнување на нивната независност на 14 мај, 1948 година, долго време откако тие ја изгубиле нивната земја. Потоа, тие рапидно се развиваа како една од понапредните и повлијателните земји, и тие го прикажаа нивниот национален дух и совршеност уште еднаш.

Како што Римските војници не можеле да ја поделат Исусовата подоблека, која беше лесна, ткаена во еден дел одозгора па додолу, Незнабожците не можат да го уништат духот на Израелците кои го обожаваат Бога. На крајот, Израелците како потомци на Јаков воспоставиле независна држава и ја исполниле волјата на Бога како Негов избран народ.

Израел на Крајот на Времето Претскажан во Библијата

Како што Господ ја претскажал историјата на Израел преку облеката на Исус и подоблеката, Тој исто така ни дава навестување на последните денови на светот.

Језекиил 38:8-9 пишува:

По многу дни ти ќе бидеш посетен; во последните години ќе дојдеш во земја избавена од меч, собрана меѓу многу народи на Израилевите планини, кои беа долго време запустени, но сега жителите нејзини ќе бидат повратени од кај народите, и сите тие ќе живеат спокојно. Па ќе се кренеш како бура, ќе тргнеш како црн облак за да ја покриеш земјата, ти и сите твои чети и многу народи со тебе.

"По многу дни" во стиховите е временскиот период од раѓањето на Исус до Неговото Второ Доаѓање, и "во последните години" се однесува на последните години до наближувањето на Исусовото Второ Доаѓање. "Израилевите планини" укажува на Ерусалим, кој е сместен на височина од околу 760 метри над морското ниво. Затоа, словото кое во идните години ќе спои многу луѓе од многу земји предвидува дека Израелците ќе се вратат во нивната земја од насекаде низ светот кога Исусовото враќање ќе се приближи.

Ова предвидување стана вистина кога Израел беше уништен од Римската Империја во 70 година по Хр., и стекна независност во 1948 година. Израел беше пуст додека не стана независен, но се претвори во една од најразвиените земји во светот.

Во Новиот Завет исто така се прорече независноста на Израел. Исус во Матеј 24:32-34 ни го кажува следново:

Со смоквата направете споредба: штом се подмладат нејзините гранки и пуштат лисја, знаете дека е близу летото; Така и вие, кога ќе го видите сето тоа, знајте дека е близу, пред вратата. Вистина ви велм: нема да премине овој род, додека сето тоа не се исполни.

Ова беше одговорот на Исус до Неговите ученици кои го прашале Него за знаците на Неговото Второ Доаѓање и за крајот на времето.

Смоквиното дрво во стихот се однесува на Израел. Кога лисјата од дрвјата паѓаат и дува студен ветар, вие знаете дека зимата е блиску. Исто така, веднаш штом гранчињата на смоквиното дрво се обноват и нивните ливчиња излезат, вие знаете дека летото е блиску. Со оваа парабола, Исус објаснува дека кога Израел ќе биде обновен по долг период на уништување, односно, кога народот на Израел добива своја независност, Исусовото Второ Доаѓање е многу блиску.

Вие не знаете колку долго "оваа генерација" која Исус ја споменал во стихот е, но вие знаете дека она што Тој го рекол сигурно ќе биде исполнето. Вие веќе сте сведоци на независноста на Израел, па така многу е лесно да сфатите дека Исусовото Второ Доаѓање е многу блиску.

Знаци за Крајот на Времето

Во Матеј 24, кога Неговите ученици прашале за знаците за крајот на време, Исус детално им објаснил. Сепак, Тој не го кажал точниот час и ден, велејќи, *"А за тој ден и час никој не знае, ниту ангелите небесни, а само Мојот Отец."* (Матеј 24:36).

Ова само значи дека Тој како Син Човечки кој дошол во тело на овој свет не го знае точниот час или ден. Ова не значи дека Исус како еден од Тројството не го знаел после Неговото распнување, воскреснување, и вознесување на небото.

Кажувајќи многу нешта за знаците за крајот на времето, Исус ве предупредува, *"И бидејќи беззаконијата ќе се умножат, кај мнозина љубовта ќе олади. А кој претрпи до крај, тој ќе биде спасен."* (Матеј 24:12-13).

Денес, можете непосредно да почувствувате како злото се зголемува, а љубовта станува постудена. Тешко може да најдете топлина во срцето. Исус рекол во Матеј 24:14, *"И ќе биде проповедано ова Евангелие за царството по целиот свет, за сведоштво на сите народи; и тогаш ќе дојде крајот.*" Евангелието веќе е проповедано на сите страни на земјата.

Понатаму, ние живееме во "глобално село" во кое секој крај од светот е достапен или со транспорт или преку комуникации. Овој феномен, исто така, бил претскажан во Даниил 12:4: *"А ти Даниле, сокриј ги овие зборови и запечати ја оваа книга до последното време; мнозина ќе ја прочитаат и знаењето ќе се умножи."* Евангелието се шири рапидно низ целиот свет во ова опкружување.

Вистина е дека дури и ако евангелието било проповедано низ целиот свет, може да постојат некои луѓе кои не го прифаќаат Исус бидејќи тие не ги отвараат нивните срца. Или, може да има некои далечни места каде што семето на евангелието сеуште не е засеано.

Пророштвата во Стариот Завет се сите исполнети, а најголем број од пророштвата во Новиот Завет скоро да се исполнети исто така. Целото Свето Писмо е вдахновено преку Светиот Дух. Затоа, Словото Божјо е точно и не содржи грешка. Најмалата буква или најмалиот удар на перото нема да бидат сменети во Словото. Господ го исполнил Неговото Слово и ветувања, и само неколку нешта останале неисполнети, вклучувајќи го Второто Доаѓање на Господ Исус Христос, Седумте Години на Големите Страдања, Новиот Милениум, и Големата Пресуда на Белиот Престол.

Закован на Неговите Раце и Нозе

Распнувањето беше еден од најсуровите методи на погубување на убијци или предавници. Рацете им се истегнуваа на дрвен крст. Човекот беше закован на двете раце и нозе. Тој беше обесен на крстот долго време се додека не умреше. Затоа, тој страдаше од огромна болка до последниот здив.

Исус Синот Божји правеше само добри нешта и немаше мана или дамка на овој свет. Тогаш, зошто Исус беше закован на рацете и нозете пролевајќи ја Неговата крв на крстот?

Болката од Заковувањето на Рацете и Нозете

Исус беше осуден на смрт на крст и дојде на местото на егзекуцијата, Голгота. Еден римски војник држеше голем железен клинец, а другиот држеше чекан и почнаа да му Ги заковуваат рацете и нозете по наредба на стотникот. Тогаш тие го подигнаа крстот. Можете ли да замислите колку болно мора да било ова ?

Невиниот Исус мораше да страда од болка кога големи клинци беа зачукани во Неговото тело и кога Неговото тело беше влечено надолу од Неговата тежина и окованите делови на телото беа искинати.

Кога некој е обезглавен, болката веднаш завршува. Сепак, умирањето на крстот беше многу поболно бидејќи тој беше обесен, крвареше, и патеше од дехидратација и исцрпеност се до мигот на Неговата смрт.

Понатака, на сончев ден во пустината, сите видови на инсекти и штетници полетаа по целото Негово искинато тело да ја цицаат крвта која течеше од Неговите рани на закованите раце и нозе. Згора над се, злобни луѓе покажуваа со прстите на Него, го плукаа Него, му се потсмеваа Нему, го проколнуваа Него и натрупуваа навреди врз Него. Некои луѓе дури и го презираа Него, велејќи, *"Ти, што го урипаш храмот и за три дни го соѕидуваш, спаси се Себеси! Ако си Син Божји слегни од крстот!"* (Матеј 27:40).

Неподнослива болка го придружуваше Исус во текот на Неговото распнување. Сепак, Исус многу добро знаеше дека гревовите и навредите кои ги зеде врз Него преку умирањето на крст го отворија патот за искупување на човештвото од нивните гревови и дека од нив ќе направи чеда Божји. Неговата вистинска болка наместо тоа доаѓаше од друга страна. Сепак постоеја некои луѓе кои не го знаеја ова Божјо провидение или кои не примија спасение во нивното зло. Ова му причинуваше Нему поголема болка.

Гревови Сторени со Раце и Нозе

Штом еднаш грешна мисла се зачне во срцето, срцето ги повикува рацете и нозете да прават гревови. Бидејќи постои духовен закон дека платата за грев е смрт, кога ќе сторите гревови, мора да паднете во пеколот и таму вечно да страдате
.

Затоа Исус вели, *"И, ако те соблазнува ногата твоја,*

отсечи ја; подобро е за тебе сакат да влезеш во
животот, отколку да ги имаш двете нозе и да бидеш
фрлен во пеколот, во неизгасливиот оган, [каде што
нивниот црв не гине, и огнот не изгаснува.] И, ако окото
твое те соблазнува, извади го; подобро е за тебе со едно
око да влезеш во царството Божјо, отколку да имаш две
очи и да бидеш фрлен во пеколот огнен." (Марко 9:45-47).

Колку пати сте направиле гревови со рацете и нозете од
раѓање? Некои тепаат други луѓе во лутина. Некои крадат, а
пак некои други ги губат нивните богатства на коцкање.
Луѓето стануваат насилни со нозете и тие одат таму каде што
не треба да одат. Затоа, доколку вашите нозе ве тераат на
грев, подобро е да ги пресечете и да влезете во рајот отколку
да бидете фрлени во пеколот со две нозе.

Исто така, колку гревови сте сториле со вашите очи?
Алчност и прељуба ве обземаат кога ќе видите нешто што не
треба да го гледате со вашите очи. Затоа Исус рекол дека ако
вашите очи ве тераат на грев, ќе биде подобро да ги извадите
и да влезете во рајот отколку да бидете фрлени во пеколот
откако сте направиле грев со нив.

Во времето на Стариот Завет, ако некој сторил грев со
неговото око, тоа било искорнато; ако некој сторил грев со
неговите раце или нозе, неговата рака или нога била
пресекувана; ако некој сторил убиство или прељуба, тој
требало да биде каменуван до смрт (Повторени закони
19:19-21).

Без страдањата на Исус Христос на крстот, дури и денес,
чедата Божји би требало да ги пресечат нивните раце или

нозе доколку сторат грев со нивните раце или нозе. Сепак, Исус го зеде крстот, беше закован на рацете и нозете и ја пролеа Својата крв. Со ова Тој ги изми гревовите сторени со вашите раце и нозе и вие не треба да страдате повеќе или да плаќате цена за вашите сопствени гревови. Колку е немерлива Неговата љубов!

Треба да запомните дека Тој ќе ве исчисти од сите гревови доколку чекорите во светлината бидејќи Тој е во светлината, и доколку ги признаете вашите гревови и се свртите кон Него (1 Јован 1:7).

Затоа, многу е важно да го исполните вашето срце со вистината со цел да водите победнички живот со благодарно и милостиво срце кое е секогаш насочено кон Бога.

Исусовите Нозе не беа Скршени но бил Прободен од Страна

Денот кога Исус умре беше петок, денот пред сабота што беше ден посветен на Бога. Во тоа време, саботата се почитуваше како ден посветен на Бога, и Евреите не сакаа да останат телата на крстови во текот на саботата.

Затоа, како што може да прочитате во Јован 19:31, Евреите побарале од Понтиј Пилат да им се скршат нозете и да се симнат телата.

Со дозвола на Понтиј Пилат, војниците им ги скршиле нозете на разбојниците кои биле распнати на двете страни од Исус но тие не ги скршиле нозете на Исус бидејќи Тој веќе беше мртов. Во тоа време, оние кои беа распнати беа сметани за проколнати и поради тоа војниците им ги кршеа нозете. Затоа, има божествена промисла во податокот дека тие не ги скршиле нозете на Исус.

Зошто не беа скршени Нозете на Исус?

Исус, кој немаше грев, беше проколнат и обесен на крстот да ги ослободи човечките суштества од клетвата на законот. Сатаната не можеше да ги скрши Неговите нозе не бидејќи Исус умре поради Неговиот грев туку според Божјо провидение.

Покрај тоа, Господ го штитеше Исус од кршење на Неговите коски за да го исполни Словото на Псалм 34:20, каде пишува, *"Господ ги чува сите коски нивни: ниедна од нив нема да се строши."*

Во Броеви 9:12, Господ им кажува на Израелците да не кршат ниедна коска од јагнето кога го јадат. Тој исто така вели во Исход 12:46 дека Израелците може да јадат месо од јагне но не треба да скршат ниедна од неговите коски.

"Јагнето" се однесува на Исус кој беше безгрешен и непорочен, но сепак се жртвуваше Себеси како жртва на искупување на човечките суштества и нивните гревови поради Неговата љубов за нас. Во согласност со Книгата Исход 12:46, која вели, *"[Јагнето]Во една куќа треба да јадете; не оставајте за изутрина и не изнесувајте надвор од куќата, и коски од жртвата да не кршите,"* ниедна од Исусовите коски не беше скршена.

Беше Прободен со Копје од страна

Јован 19:32-34 отсликува уште една грозоморна сцена:

Тогаш дојдоа војниците и им ги прекршија коленаta на првиот, како и на вториот, што беа распнати со Него; А кога дојдоа до Исуса и Го видоа дека беше веќе умрен, не Му ги прекрши коленаta. Но еден од војниците со копје Му ги прободе ребраta, и наеднаш истече крв и вода.

Дури иако војникот веќе знаел дека Исус бил мртов, зошто тој сепак го прободел од страна Исус со копје, предизвикувајќи ненадејно истекување на крв и вода? Ова ja илустрира човечката злоба.

Иако Тој беше Господ, Исус не се повикуваше ниту се потпираше на Неговите права како Господ. Наместо тоа, Тој се направи Себеси ништожен; Тој заземе скромна позиција на роб и се појави во облик на човечко суштество. Тој покорно се понизуваше Самиот себеси дури и повеќе преку умирањето со смрт на криминалец на крст. На овој начин, Исус ja отвори вратата на спасение за вас (Филипјаните 2:6-8).

Во текот на Неговиот живот на овој свет, Исус им даде слобода на затворениците, им даде на сиромашните богатство, и ги излекува болните и слабите. Тој немаше доволно време да jade или спие бидејќи Тој се трудеше најдобро што може да го проповеда Словото Божjo да спаси колку што може повеќе души. Тој одеше на ридот да се моли дури и кога Неговите ученици одмараа.

Многу Евреи го прогонуваа Него со презир иако Тој правеше само добрина. На крајот, тие го распнаа Него на крст поради нивното зло. Понатаму, и покрај тоа што знаеа дека Тој беше мртов, римскиот војник Го прободе со копје. Ова ни кажува дека луѓето таложеа злоба врз злоба.

Господ ви ја покажа Неговата огромна љубов со тоа што го испрати Неговиот единствен Син Исус Христос и дозволи Тој да биде распнат на крст за да ве ослободи од вашите гревови, без оглед на злобата на човечките суштества.

Истекувањето на Крвта и Водата од Неговата страна

Како што е веќе споменато, римски војник го прободел од страна Исус со копје во неговата злоба, иако тој веќе знаеше дека Исус е мртов. Кога војникот го прободе Него од страна, крв и вода истекоа од телото на Исус. Има три значења во оваа сцена.

Прво, ви покажува дека Исус дошол во тело како Син Човечки. Јован 1:14 вели, *"И Словото стана тело и се всели во нас, полно со благодат и вистина; и Ние ја видовме Неговата слава, слава како на Единороден од Отецот."* Господ дошол на овој свет во тело и Тој беше Исус.

Грешниците не може да го видат Бога бидејќи тие ќе

исчезнат откккако ќе го видат Него. Затоа, Господ не може да се појави директно пред нив и поради тоа Исус дојде на овој свет во тело и прикажа многу докази да не наведе да поверуваме во Бога.

Библијата ви кажува дека Исус беше човек токму како вас. Марко 3:20 пишува, *"И дојдоа во една куќа; и пак се собра народ – така што и тие не можеа ни леб да јадат."* Матеј 8:24 ни кажува, *"И ете, настана голема бура во морето, така што брановите го покриваа коработ, а Он спиеше."*

Некои луѓе може да се прашуваат како Исус Синот Божји можел да биде гладен или да чувствува болка. Сепак, бидејќи Исус беше тело составено од коски и мускули, Тој мораше да јаде и спие. Тој исто така страдаше од болка исто како што страдаме ние.

Фактот дека крв и вода истекле од Неговото тело кога Тој беше прободен со копје, ви дава убедлив доказ дека Исус дошол на овој свет во тело, иако Тој е Син Божји.

Второ, тоа е уште еден доказ дека вие исто така може да учествувате во божествената природа дури и ако имате тело. Господ сака Неговите чеда да бидат свети и совршени како што е Тој. Па така Тој вели, *"Бидете свети, бидејќи Јас Сум свет."* (1 Петар 1:16) и *"Но бидете совршени, како што е совршен вашиот Отец небесен."* (Матеј 5:48). Тој исто така ве охрабрува велејќи, *"Преку кои ни се дарувани многу големи и драгоцени ветувања, та преку нив да станете учесници во Божјата природа, ако се оддалечите од гнилежните похоти на овој свет."* (2 Петар 1:4), и *"Бидејќи вие треба да ги имате истите мисли, што ги има Исус Христос."* (Филипјаните 2:5).

Исус дојде на овој свет во тело и стана слуга според Божјата волја, и ја исполни целата Негова должност. Тој исто така го исполни законот со љубов со надминување на сите страдања и неволји, и живеење според Словото Божјо.

Иако Тој беше човек исто како вас, Тој доброволно ја прифати сета болка, ја следеше Божјата волја со истрајност и самоконтрола, и се жртвуваше Самиот Себеси во љубов да умре на крст без отпор или жалби.

Како, тогаш, ние можеме да учествуваме во божествената природа со срцето на Исус Христос?

Вие мора да ја распнете вашата грешна природа, која се состои од страст и желба, да имате духовна љубов и да се молите искрено за да учествувате во божествената природа со имање на исти мисли како оние на Исус.

Од една страна, телесната љубов е себична, и оваа љубов се оладува како што минува времето. Луѓето со овој вид на љубов се предаваат еден со друг и страдаат од болка кога не се согласни.

Од друга страна, Бог сака да имате љубов која е трпелива, нежна и несебична. Затоа, духовната љубов е таа која никогаш не се менува и цвета од ден на ден. Вие можете да ги имате мислите на Исус онолку колку што поседувате духовна љубов и онолку колку што го отфрлате секој вид на зло преку искрени молитви.

Исто така, секој може да ја прими Божјата милост и сила

доколку бара Негова помош со постење и искрена молитва. Бог исто така работи таа личност да се ослободи од секаков вид на зло. Вие ќе светите како сонцето во небесното царство доколку поседувате духовна љубов, ги имате деветте плодови на Светиот Дух (Галатјаните 5) и ги примите Блаженствата (Матеј 5).

Трето, пролевањето на Исусовата крв и вода е доволно моќно да ве одведе во вистински и вечен живот.

Крвта и водата на Исус беа беспрекорни и непорочни бидејќи Тој немаше првобитен грев и не стори грев. Духовно, тоа беше онаа крв и вода која може да биде воскресната. Бидејќи Тој ја пролеа Неговата света крв, вашите гревови се исчистени и вие можете да поседувате вистински живот кој води до спасение, воскреснување и вечен живот.

Водата, која истекла од телото на Исус, ја симболизира вечната вода, Словото Божјо. Вие можете да бидете исполнети со вистина и да бидете вистинско чедо на Бога до оној степен до кој го разбирате Неговото Слово и ги исфрлите гревовите со живеење според него.

Исус, без никаква дамка или недостаток, се откажа од сите нешта за да ви даде вистински живот до точка на пролевање на крв и вода, иако вие не бевте подобри од животните.

Се надевам дека разбирате дека вие сте спасени без да морате да платите некаква цена и дека ќе ги отфрлите гревовите со искрена молитва во верба за да можете да водите плоден живот во Исуса Христа.

Глава 7

Последните Седум Збора на Исус на Крстот

- Оче, Прости Им
- Денес Ќе бидеш со Мене во Рајот
- Жено, Погледни Ете го твојот Син;
  Ете ја Твојата Мајка
- *Боже мој, Боже мој,*
  Зошто ме остави?
- Јас Сум Жеден
- Завршено Е
- Оче, Во Твои Раце Го Предавам
  Својот Дух

А Исус рече, "Оче, прости им; оти не знаат што прават!" ...
(с. 34)

... И Му рече на Исуса, "Сети се на мене, Господи, кога ќе дојдеш во царството Свое!" А Исус му рече, "Вистина ти велам: денес ќе бидеш со Мене во рајот!" А беше веќе околу шестиот час и настана мрак во целата земја до деветтиот час; и сонцето потемне, и црковната завеса се расцепи преку средината. А Исус извика гласно и рече, "Оче, во Твои раце Го предавам Својот дух!" И штом го рече тоа, издивна. (с. 42-46).

Лука 23:34, 42-46

Многу луѓе се потсетуваат на нивните животи кога се наближува смртта. На членовите на нивните семејства и на пријателите им ги доверуваат последните зборови.

На ист начин, Исус стана тело, дојде на овој свет според Божјо провидение, и ги изговори седумте збора на крстот додека умираше. Тие се наречени "Последните Седум Збора на Исус на Крстот."

Да го провериме духовното значење на Исусовите последни седум збора на крстот.

Оче, Прости Им

Авторот на Филипјаните го опишува Исус на следниов начин. Исус:

Бидејќи вие треба да ги имате истите мисли, што ги има Исус Христос. Кој иако беше во обличје Божјо, сепак не држеше многу до тоа што е еднаков со Бога; но Сам Себе се понизи, откако зеде обличје на слуга и се изедначи со луѓето; и по вид се покажа како човек; Сам се смири, откако стана послушен дури и до самата смрт, и тоа смрт на крст. (Филипјаните 2:5-8).

Исус беше распнат на крст за да ја покаже Неговата љубов и почитување кон Бога за Он да може да го отвори патот на спасението за грешниците. Луѓето кои стоеја покрај крстот му се потсмеваа на Исус со водачите, *"Други спаси; нека Се спаси и Сам, ако е Он Христос, избраникот Божји!"* (Лука 23:35).

Војниците исто така се потсмеваа со Него, му нудеа Нему оцет, и велеа, *"Ако си Ти Царот Јудејски, спаси се Сам!"* (с. 37), еден од криминалците кои беа обесени таму го навредуваше Него, велејќи, *"Ако си Ти Христос, спаси се Себеси и нас!"* (с. 39)

И кога дојдоа на местото, наречено Черепница, го распнаа таму Него и злочинците, едниот оддесно, а другиот одлево. А Исус рече, "Оче, прости им, оти не знаат што прават." И кога го делеа облеклото Негово, фрлија жреб. (Лука 23:33-34).

Исус му се молеше на Бога барајќи прошка за нив, *"Оче, прости им, оти не знаат што прават,"* додека умираше. Исус го молел Отецот да им даде милост и прошка на луѓето кои не знаеја дека Исус Синот Божји е распнат за да се простат нивните гревови. Можеби тие дури не ни сфаќале дека нивните дела беа грев. Ова е Неговиот прв збор на крстот.

Исус се Молеше во Љубов за Луѓето кои Го Распнуваа Него

Исус, Синот Божји, се молел за оние кои го распнуваа Него иако Тој немаше ниту грешка ниту недостаток. Колку е длабока и голема Неговата љубов! Исус можел лесно да слезе од крстот и да го избегне Неговото распнување бидејќи Тој е едно со Бог Семоќниот и е овластен од Господ Отецот. Сепак, Тој беше распнат за да го исполни планот за спасение според Божјата волја. Затоа, Тој можеше да ги издржи сите страдања и срам, да се моли за нив во очајничка љубов и да бара прошка за нив.

Исус искрено се молел, "Оче, прости им; не знаат што прават." Тука, "тие" едноставно не се однесува само на оние кои го распнаа и го исмеваа Него, туку исто така укажува на сите човечки суштества кои не го примаат Исус Христос и продолжуваат да живеат во темнината. Како луѓето кои го распнаа Исус Синот Божји, многу луѓе грешат бидејќи тие не го знаат Исус Христос и вистината.

Вашиот непријател ѓаволот припаѓа на темнината и ја мрази светлината па затоа тој го распна Исус, вистинската светлина. Денес, ѓаволот ги контролира луѓето кои припаѓаат на темнината и ги тера нив да ги прогонуваат оние кои одат во светлина.

Како може да реагирате на прогонувачите кои не ја знаат вистината?

Исус ве учи што е Божја волја и која Христијанска мисла треба прво да се изврши преку првото слово од крстот. Во

Матеј 5:44, се вели, *"А Jас, пак, ви велам: љубете ги непријателите свои и молете се за оние што ве навредуваат и гонат."* Така ние мора да можеме да се молиме за сите оние кои не прогонуваа нас, велејќи, "Оче, прости им. Тие не знаат што прават. Благослови ги, така да тие, можат да го примат Бога и ние да можеме повторно да се сретнеме во рајот."

Денес Ќе Бидеш со Мене во Рајот

Двајца криминалци беа исто така распнати кога Исус беше обесен на крстот кој стоеше високо на Голгота, "местото на Черепницата" (Лука 23:33).

Еден од криминалците го навредуваше Него, но другиот го прекорил првиот криминалец, се покајал, и го прифатил Исус како личен Спасител. Тогаш Исус му ветил нему дека тој ќе биде во рајот со Него. Тоа е вториот збор на Исус на крстот.

Еден од распнатите злочинци хулеше на Него, велејќи: Ако си ти Христос, спаси се Себеси и нас! А другиот, кога одговори, го искара и рече Зар и од Бога не се боиш, кога си веќе и сам осуден? Ние сме праведно осудени, зашто примивме заслужена казна според нашите дела; но Он ништо лошо не направил. И му рече на Исуса, "Сети се на мене, Господи, кога ќе дојдеш во Царството Свое!" А

Исус му рече, "Вистина ти велам: денес ќе бидеш со Мене во рајот!" (Лука 23:39-43).

Исус објави дека Тој е Месијата кој може да им прости на грешниците кога тие се покајуваат и да ги спаси преку Неговото второ слово од крстот.

Кога ги читате Четирите Евангелија, одговорите на двајцата криминалци се напишани на различни начини. Во Матеј 27:44, се вели, *"И разбојниците, распнати со Него, Го хулеа исто така."* Во Марко 15:32, пишува, *"Христос, Царот Израилев, нека слегне сега од крстот, па да видиме и да поверуваме! Го хулеа и распнатите со Него."* Од овие две Евангелија, вие читате дека двајцата криминалци го навредувале Исус.

Сепак, во Лука 23, читате дека едниот криминалец го прекорил другиот и се покајал за неговите гревови, го прифатил Исус Христос и бил спасен. Ова не е бидејќи Евангелијата не се во согласност едно со друго. Наместо тоа, преку Неговото провидение, Господ им дозволил на авторите да пишуваат на различни начини. Во Библијата Божјото провидение и историските елементи се збиени. Ако се беше пишувано во детали, илјадници Библии не би биле доволни.

Денес, ако снимите нешто со видео камера, можете да го гледате подоцна но во времето на Исус, немаше таква опрема па така тие не можеле да снимат дури ниту една фотографија иако ова беа многу важни настани. Тие само можеле да ги запишат овие настани. Низ малите разлики, можете пореално да ги искусите и доживеете одредените ситуации.

Подоброто Разбирање на Исусовото Распнување

Кога Исус го проповедал Евангелието, голема толпа го следела Него. Некои сакале да ја слушнат Неговата порака, некои сакале да видат чуда и знаци од небесата, други сакале храна, а сепак некои го продале нивниот имот за да му служат и да го следат Исус.

Во Лука 9, Исус се заблагодарува за пет векни леб и две риби. Бројот на оние кои јадеа беше околу пет илјади луѓе (Лука 9:12-17). Замислете колку повеќе народ, вклучувајќи ги оние кои го сакале или мразеле Исус и други во толпата мора да се собрале на местото каде што Тој беше распнат. Толпата го обиколила крстот па така војниците ги блокирале со копја и штитови. Замислете луѓе кои врескаат по Исус во круг блиску до крстот. Толпата го навредуваше Него. Дури и едниот од двајцата криминалци обесени од двете страни на Исус го навредуваше Него.

Кој бил во можност да слушне што рекол првиот криминалец? Најверојатно таму имало толкава гужва што само луѓето кои стоеле доволно блиску до Исус можеле да ги слушнат Неговите зборови. Другиот криминалец рекол нешто за Исус со лош израз на лицето. Овој криминалец, всушност, го прекорувал тој криминалец кој го навредувал Исус. Сепак, оние кои беа далеку на спротивната страна можеле лесно да помислат дека овој криминалец кој се покајал го прекорил Исус во средината.

Од една страна, во тие бучни услови, секој писател на Евангелието на Матеј и Марко кој не можел да го слушне криминалецот кој се покајал јасно помислил дека тој исто така го прекорува Исус. Така тие напишале дека двајцата криминалци го прекорувале Исус.

Од друга страна, писателот на Евангелието на Лука јасно слушнал, па така тој знаел дека едниот од двајцата криминалци не навредувал туку наместо тоа се покајал. Различни писатели биле на различни локации и различно пишувале.

Господ, кој знае се, им дозволил да пишуваат на различен начин за подоцнежните генерации да може јасно да ја распознаат одредената ситуација.

Место во Рајот за Криминалецот кој се Покаја

Исус му ветил на криминалецот кој се покајал на крстот пред смртта, "Ти ќе бидеш со Мене во Рајот." Тоа има духовно значење.

Рајот, царството на Бога, е многу големо, повеќе отколку што можете да замислите. Дури и Исус ни кажува во Јован 14:2, *"Во домот на Мојот Отец има многу места за живеење, А да немаше, Јас ќе ви кажев; Одам да ви приготвам место."* Псалмистот не повикува нас да *"Фалете го, Небеса на небесата и водите над небесата!"* (Псалм 148:4). Неемија 9:6 го фали Бога кој ги направил небесата, дури и небесата на небесата. 2 Коринтјани 12:2 зборува за *"човек во Христа, кој пред четиринаесет* години, со тело ли, не знам, без тело ли, не знам: Бог знае, беше грабнат и однесен до третото небо." Во Откровение 21:2, се вели дека во Нов Ерусалим се наоѓа Божјиот престол.

Исто така, има многу живеалишта во рајот. Сепак, не ви е дозволено да живеете во ниедно место по ваш избор. Господ на правдата го наградува секој од вас според она што сте правеле на овој свет: Колку многу сте го следеле вашиот Господ и сте работеле за царството Божјо и колку многу сте складирале на небото, итн. (Матеј 11:12; Откровение 22:12).

Јован 3:6 пишува, "Зашто, роденото од тело тело е; а роденото од Дух, дух е." Во зависност од степенот до кој некој се ослободил себеси од телесните нешта и станал духовна личност, живеалиштата во рајот ќе бидат поделени во групи на исти духовни нивоа.

Секако, секое место во рајот е многу убаво бидејќи Господ раководи со нив. Сепак, има разлики дури и во рамките на рајот. На пример, стилот на живот, хобијата, животните стандарди, во метрополата се многу различни од оние на село. Исто така, светиот град, Нов Ерусалим, е најубавото место во рајот каде што е сместен Божјиот престол и каде што чедата кои најмногу наликуваат на Него ќе живеат.

Сепак, Рајот е местото каде што и покајаниот криминалец во последниот миг од неговата смрт на крстот живее, и истиот е сместен на периферијата од рајот. Многу други кои примиле срамно спасение ќе живеат таму. Тие луѓе го примиле Исус Христос но не направиле чекор повеќе да се сменат духовно.

Зошто криминалецот кој се покајал влегол во Рајот?

Тој признал дека бил грешник во неговото добро срце, и го примил Исус како негов Спасител. Сепак, тој не се ослободил од неговите гревови, не живеел според Словото Божјо, ниту пак покрстувал други. Тој не работел за Бога. Тој не сторил ништо за да прими некаква небесна награда. Затоа тој влегол во Рајот, но на најскромното место на небесата.

Исусовиот Следбеник до Горниот Гроб

Иако Исус му ветил на криминалецот, "Денес ти ќе бидеш со Мене во Рајот," тоа не значи дека Исус живее само во Рајот на небото. Исус, Кралот над кралевите и Господарот над господарите, управува и живее со чедата Божји насекаде по небесата, вклучувајќи го и Рајот и Нов Ерусалим. Во овој смисол Тој живее во Рајот исто како и на другите места на небесата.

Кога Исус му кажал на спасениот криминалец "Денес ти ќе бидеш со Мене во Рајот," "денес" не се однесува едноставно на одредениот ден кога Исус умрел на крстот или некој друг посебен ден. Исус споменал дека Тој ќе биде со криминалецот кој се покајал каде и да е криминалецот од мигот кога станал чедо Божјо,.

Што се однесува до Библијата, Исус не отишол во Рајот по Неговата смрт. Во Матеј 12:40, Исус им кажува на некои од Фарисеите дека *"Како што и Јона беше во утробата на*

китот три дни и три ноќи, така и Синот Човечки ќе
биде во срцето на земјата три дни и три ноќи.” Во
Ефесјаните 4:9 пишува, “А што означува ‘издигајќи се’, ако
не тоа дека Он слезе пред тоа во најдолните места на
земјата?”

Како дополнение, 1 Петар 3:18-19 вели, “Бидејќи и
Христос, за да не́ приведе кон Бога, еднаш пострада за
гревовите наши, праведник за неправедните; вистина,
мртов по тело, но оживе духом, со кого, откако слезе, им
проповеда и на духовите, кои беа во темнина.” Исус
отишол во Горниот Гроб и го проповедал евангелието на
духовите пред Тој да воскресне на третиот ден. Зошто ова
беше неопходно?

Пред да дојде Исус на овој свет, многу луѓе за време на
Стариот Завет и луѓе дури и во времето на Новиот Завет
немале можност да слушнат евангелие но тие живееле во
добрина прифаќајќи го Бога. Дали ова значи дека тие сите
отишле во пеколот само поради тоа што тие не знаеле кој е
Исус?

Господ го испратил Неговиот единствен Син на овој свет
и секој кој ќе го прими Него ќе биде спасен. Господ не би
започнал со човечката култивација за да ги спаси само оние
кои го примиле Исус Христос по Неговото распнување. На
оние кои немале можност да слушнат евангелие но живееле
со чиста совест ќе им биде судено според нивната совест.

Од една страна, оние луѓе добри во срцето се собираат
вака во “Горниот Гроб.” Од друга страна, “Адот” кој е наведен
како “Долниот Гроб” е каде што слабите души живеат се до

Судниот Ден. По Неговото распнување, Исус отишол во Горниот Гроб и го проповедал евангелието на духовите кои не знаеле за евангелието но живееле со чиста совест и заслужувале да бидат спасат.

Нема друго име под небесата што им е дадено на луѓето од кое тие мора да бидат спасени освен Исус Христос. Затоа Исус отишол и проповедал за Него Самиот на духовите па така тие да можат да го примат Него и да бидат спасени.

Библијата вели дека духовите спасени пред распнувањето на Исус се носат во крилото Авраамово (Лука 16:22), но се носат во крилото Исусово по Неговото воскреснување.

Спасение Според Пресудата на Совеста

Пред да дојде Исус на овој свет да го шири евангелието, добрите луѓе живееле со следење на правдата во нивните срца. Тоа е законот на совеста. Добрите луѓе не правеле зло дури и кога имале неволји и се соочувале со тешкотии, бидејќи тие го слушале гласот на нивните срца.

Римјани 1:20 пишува, *"Оти она, што е во Него невидливо, односно вечната Негова сила, и Божеството, се гледа уште од создавањето на светот, гледани според нивните созданија, па така тие немаат изговор."*

Со набљудувањето на универзумот и како се на земјата е во хармонија, луѓето со добри срца верувале дека има вечен живот. Поради ова тие не живееле според нивната грешна природа и се контролирале самите да не уживаат во световните задоволства во страв од Бога.

Римјани 2:14-15 пишува, *"Зашто незнабожците, немајќи Закон, сами од себе вршат сè по Законот; тогаш тие, иако немаат Закон, сами во себеси се Закон; поради тоа што делото на Законот е напишано во нивните срца, та затоа се управуваат според Законот, бидејќи нивната совест им сведочи за тоа, и нивните мисли помеѓу себе се обвинуваат или оправдуваат."*

Господ им го дал законот само на Израелците но не и на Незнабожците. Сепак, исто е како Незнабожците да живеат според законот, кога тие живеат според законот во нивните срца, нивната совест која е стекната и се практикува од нив самите. Вие не можете да речете дека оние кои не веруваат во Исус Христос не може да бидат спасени бидејќи тие никогаш не слушнале евангелие во нивните животи.

Помеѓу тие кои умреле без да го знаат Исус Христос, имаше некои луѓе кои можеа да се контролираат самите против злите мисли поради нивните чисти срца. Овие луѓе ќе бидат спасени според Божјата пресуда на нивната совест.

Жено, Погледни, Ете го Твојот Син; Ете Ја Твојата Мајка

Апостолот Јован напишал што видел и слушнал од крстот на кој Исус беше обесен. Таму имало многу жени вклучувајќи ја и Марија, мајката на Исус; Салома, сестрата на Неговата мајка; Марија жената на Клеоп; и Марија Магдалена. Во Јован 19:26-27, Исус и кажува на натажената

Марија, Неговата мајка, да го смета Јован за нејзин син и му кажува на Јован да се грижи за неа како за негова мајка:

А Исус, штом ја виде мајка Си и ученикот, кого го љубеше, како стои, ѝ рече на мајка Си, "Жено, погледни, ете го твојот син!" Потоа му рече на ученикот, "Ете ја твојата мајка!" И од тој час ученикот ја зеде при себе.

Зошто Исус ја Нарекувал Марија "Жено," а Не "Мајко"?

Зборот "мајка" не е изговорен од Исус, но е напишан од апостолот Јован од негова гледна точка. Зошто, тогаш, Исус ја нарекол Неговата мајка која Го родила "жено"?

Кога ќе се повикате на Библијата, Исус не ја нарекувал неа "мајко."

На пример, во Јован 2:1-11, Исус го извел првото чудо на претворање на водата во вино откако Тој започнал со Неговото свештенство. Ова чудо се случи на свадба во Кана во Галилеја. Исус и Неговите ученици исто така биле поканети на свадбата. Кога снемало вино, Марија му кажала Нему, "Немаат вино" бидејќи таа знаела дека како Син Божји, Исус може да ја претвори водата во вино. Тогаш Исус ѝ кажал, *"Што бараш од Мене жено? Уште не дошол Мојот час."* (с. 4).

Исус одговорил дека времето за Него да се прикаже како Месија сеуште не дошло иако Марија почувствувала жал за гостите бидејќи немало повеќе вино. Промената на водата во вино духовно значи дека Исус ќе ја пролее Неговата крв на крстот.

Исус кажувал за Себеси дека Тој дошол на овој свет како наш Спасител за исполнување на божествениот план за човечко спасение на крстот. Така Тој ја викал Марија "жено," а не "мајко."

Покрај тоа, нашиот Спасител Исус е Господ во Тројство и Создателот. Господ Создателот е ОНОЈ КОЈ ВЕЧНО ПОСТОИ (Исход 3:14), и Тој е Првиот и Последниот (Откровение 1:17, 2:8). Оттука, Исус нема мајка и поради тоа Исус ја нарекол неа "жено," а не "мајко."

Денес, многу чеда Божји се однесуваат кон Марија како кон Исусовата "света мајка" или дури прават нејзини статуи и се поклонуваат пред нив. Вие треба да разберете дека ова е апсолутно погрешно бидејќи таа не е мајката на нашиот Спасител (Исход 20:4).

Небесно жителство

Исус ја утешил Марија која беше во голема болка поради Неговото распнување и му рекол на Неговиот сакан ученик Јован да се грижи за Марија како за негова мајка. Иако Исус страдал од огромна болка на крстот, Тој сепак длабоко се грижел за она што ќе се случи со Марија по Неговата смрт. Вие тука можете да ја согледате Неговата љубов .

Преку Исусовиот трет збор на крстот, ние можеме да сфатиме дека во верата, сите ние сме браќа и сестри – Божјо семејство. Во Матеј 12 има сцена во која семејството на Исус доаѓа да го види Него. Кога му кажале на Исус дека Неговата мајка и браќа се надвор, Тој и кажува на толпата:

> *Он Му одговори на оној што Му зборуваше и рече, "Која е Мојата мајка и кои се Моите браќа?" И како покажа со рака на учениците Свои, Рече, "Еве ја Мојата мајка и еве ги Моите браќа! Зашто оној кој ја исполнува волјата на Мојот небесен Отец, тој ми е брат, и сестра, и мајка." (Матеј 12:48-50).*

Како што вашата верба расте по примањето на Исус Христос, вашето чувство за небесно жителство станува појасно и вие ги сакате вашите браќа и сестри во Христа повеќе отколку членовите на вашето биолошко семејство. Ако членовите на вашето семејство не се чеда Божји, вашето семејство не може да опстане како "семејство" засекогаш. Врските во вашето семејство завршуваат со смртта. Ако тие не веруваат во Исус Христос или не живеат според Божјата волја иако тврдат дека веруваат во Бога, тие ќе одат во пеколот бидејќи платата за грев е смрт (Матеј 7:21).

Вашето видливо тело се враќа во прав по смртта, но вие имате бесмртен дух. Ако Господ го земе вашиот дух, вие ќе бидете само труп кој наскоро ќе изгние. Господ Создателот го формирал првиот човек од правта и му вдахнал здив на животот во неговите ноздри, па така неговиот дух станал бесмртен. Господ дава раѓање на вашиот бесмртен дух и прави тело кое ќе се врати во прав. Затоа, Тој е вашиот вистински Татко.

Матеj 23:9 ни кажува *"И никого на земјата не викајте го свој татко, оти еден е вашиот Отец, Кој е на небесата."* Ова не значи дека вие не треба да ги сакате неверниците во вашето семејство. Многу е важно дека вие вистински ги сакате нив, им го проповедате евангелието и ги водите да го прифатат Исус Христос.

Боже мој, Боже мој, Зошто ме Остави ?

Исус беше распнат на крст на третиот час, и од шест часот, темнина завладеа над целата земја до девет часот кога Тој издивна. За да го претвориме ова во модерно сфаќање на времето, Тој беше распнат во девет часот наутро и три часа подоцна, на пладне, темнина завладеа со целата земја се до три часот попладне.

> *А во шестиот час настана темнина по целата земја, до деветтиот час. И во деветтиот час Исус извика гласно, велејќи, "Елои, Елои, Лама савахтани?" А тоа значи, "Боже Мој, Боже Мој, зошто си ме оставил?" (Марко 15:33-34)*

Шест часа подоцна, во деветтиот час Исус извикал кон Бога, "Или, Или, Лама савахтани?" (Боже мој, Боже мој, зошто ме остави?) Тоа е четвртиот збор на Исус од крстот.

Исус беше истоштен, бидејќи Тој беше обесен на крстот

шест часа пролевајќи ја Неговата крв и вода надвор под силното сонце на пустината. Тој беше потполно исцрпен. Зошто тогаш, Тој се извикал?

Секој од седумте збора на Исус на крстот има духовни значења. Ако тие не би можеле да се слушнат, тие би биле бескорисни. Седумте збора требаше да бидат запишани во Библијата јасно, за секој да може да ја разбере Божјата волја.

Затоа, Тој извикал седум збора од крстот со сиот Негов напор така што тие околу крстот можеле да слушнат јасно и да ги запишат.

Некои велат дека Исус викал од незадоволство од Бога бидејќи Тој требало да дојде на овој свет во тело и да издржи голема болка непотребно. Сепак, тоа апсолутно не е вистина.

Зошто, Исус Извикал, *"Боже мој, Боже мој, Зошто ме остави ?"*

Причината зошто Тој дојде на земјата беше да ги уништи делата на ѓаволот и да ја отвори вратата на спасението за нас.

Затоа, Исус ја почитуваше Божјата волја до степен на смрт и потполно се жртвуваше Самиот себеси. Пред Неговото распнување, Тој интензивно се молеше и Неговата пот беше како капки крв кои паѓаа на земјата (Лука 22:42-44). Тој го носеше Неговиот товар, потполно знаејќи за страдањето што Тој ќе го издржи на крстот.

Тој издржа малтретирање и страдање на крстот бидејќи Тој го знаеше планот на Бога за човечките суштества. Како, тогаш, можеше Исус да се огорчи соочувајќи се со Неговата смрт? Неговото извикување не беше знак за тага или прекор кон Бога. Исус имаше причини да направи така.

Прво, Исус сакаше да прогласи на светот дека Тој беше распнат за да ги искупи сите грешници од гревот.

Тој сакаше сите да разберат дека Тој ја оставил Неговата слава во рајот и беше потполно занемарен од Бога иако Тој беше еден и единствен Син на Бога. Тој се извика за да разберат сите дека Тој патеше од огромни болки на крстот за да ги спаси и искупи грешниците од грев. Библијата покажува дека Тој го нарекувал Бога "мој Татко," но на крстот Исус го нарекувал Него, "Мој Бог." Ова е бидејќи Исус го зел крстот во име на грешниците и грешниците не може да го нарекуваат Бога "Отец."

Во тој миг, Господ го посрамоти Исус како грешник носејќи ги сите гревови на човечките суштества, и Исус не се осмелуваше да го нарече Бога "Оче." На ист начин вие го нарекувате Бога "Оче Наш" кога имате заедничка љубов но го нарекувате Него "Господ" наместо "Отец" кога сте далеку од Бога бидејќи сте сториле гревови или имате слаба верба.

Господ сака сите луѓе да станат Негови вистински чеда кои може да го нарекуваат Него "Оче" со прифаќање на Исус Христос и со чекорење во светлината.

Второ, Исус сакаше да ги предупреди луѓето кои не ја знаеја Божјата волја и сеуште живееја во темнината.

Господ го испрати Неговиот единствен Син Исус Христос на овој свет и дозволи Тој да биде исмеван и распнат од Неговите сопствени созданија. Исус знаеше зошто Бог го занемари Неговиот Син, но толпата која го распна Него не ја знаеше Божјата волја. Тој викаше "Боже Мој, Боже Мој, зошто Ме остави?" за да им дозволи на неуките да ја разберат Божјата љубов и да се покајат па така тие да може да се вратат на патот на спасението.

Jac Сум Жеден

Во Стариот Завет, има голем број на пророштва за страдањата на Исус на крстот. Во Псалм 69:21, се вели, *"И ми дадоа жолчка да каснам и кога зажеднев – со оцет ме напоија."* Како што е претскажано во Псалмот, кога Исус рекол, "Јас сум жеден ," луѓето натопиле сунѓер во вински оцет, го ставиле сунѓерот на трска, и го донеле до усните на Исус.

> *По ова, знаејќи Исус дека е сé свршено, за да се исполни Писмото, рече, "Jac сум Жеден." Таму стоеше сад, полн со оцет. Тие навкасија сунѓер во оцетот, го закачија на трска и Му принесоа до устата Негова. (Јован 19:28-29).*

Долго пред Исус Христос да биде роден во градот Витлеем, псалмистот видел во визија дека Исус ќе биде распнат и ќе умре на крстот, и го запишал тоа. Исус рекол, "Jac сум жеден " за тоа писмо да биде исполнето.

Да размислиме за духовното значење на Исусовиот петти збор на крстот, "Јас сум Жеден ."

Исус ја Искажал Неговата Духовна Жед

Многу луѓе може да издржат глад но не и жед. Исус беше потполно исцрпен бидејќи Тој бил закован на крстот шест часа и ја пролевал Неговата крв под вжештеното сонце во пустината. Степенот на Неговата жед беше поголем отколку што можете да замислите.

Ова не значи дека Исус не можел да ја издржи Неговата жед кога рекол, "Жеден сум." Тој знаел дека ќе се врати кај Бога во мир многу скоро.

Всушност, Тој имал повеќе болки од духовната жед отколку од физичката жед. Тоа е силната желба на Исус за Божите чеда: "Жеден сум бидејќи ја пролевам Мојата крв. Олеснете ја мојата жед со плаќање за мојата крв."

Две илјади години поминале од смртта на Исус на крстот, но Тој сеуште ни кажува дека Тој е жеден. Неговата жед беше од пролевањето на Неговата крв. Тој ја пролеа Неговата крв за да ги прости вашите гревови и да ви даде вечен живот.

Исус ви кажува дека Тој е жеден со цел да ја покаже Неговата волја да ги спаси овие изгубени души. Затоа, чедата Божји кои се спасени од крвта на Исус мора да надоместат за Неговата крв.

Начинот да платите за Неговата крв и да ја угасите Неговата жед е да ги водите луѓе од нивната непозната патека од пеколот во рајот.

Затоа, мора да бидете благодарни на Исус кој ја пролеа Неговата крв и сега ја гаси Неговата жед со водење луѓе по патот на спасението.

Завршено Е

Во Јован 19:30, Исус се напил и рекол, *"Завршено е"* и ја наведнал Неговата глава и го предал Својот дух. Исус го прифатил сунѓерот на трската. Тоа не се случи бидејќи Тој не можел да ја издржи Неговата жед. Има духовно значење во Неговото дело.

Причината зошто Исус дојде во тело на овој свет беше за да биде распнат на крстот за гревовите на човештвото. Во Неговата голема љубов за нас, Исус го исполни законот од Стариот Завет и ги понесе гревовите на сите човечки суштества и клетвите во нивно име. Во текот на времето на Стариот Завет, луѓето нуделе животно како крвна жртва на Бога кога грешеле. Сепак, Исус направил единствена жртва за гревовите за сите времиња со пролевање на Неговата крв (Евреите 10:11-12). Затоа, вашите гревови се простени кога го примате Исус Христос бидејќи Тој веќе ве искупил. Избавителната милост преку Исус Христос се однесува на ново вино, и Тој пиел вински оцет за да ни даде ново вино.

Духовното Значење на Зборот "Завршено Е"

Исус рекол, "Завршено е" и го предал Неговиот дух. Што

значи ова духовно?

Исус станал тело, дошол на земјата, го проповедал евангелието, ги излекувал сите слабости и болести, и го отворил патот на спасението со понесување на крстот за сите оние кои биле осудени на смрт.

Тој го исполнил законот од Стариот Завет со љубов со тоа што Тој се жртвувал Самиот Себеси до степен на смрт. Исто така, Тој победил над ѓаволот целосно уништувајќи ги делата на ѓаволот. Односно Тој го исполнил божествениот план за човековото спасение. Поради тоа Исус рекол, "Завршено е" на крстот.

Господ сака Неговите чеда да исполнат се со живеење според Божјата волја исто како Неговиот еден и единствен Син Исус што ги исполнил сите провиденија на спасението со почитување на Отецот до степен на жртвување на Неговиот живот според волјата и планот на Бога.

Затоа, вие прво мора да го следите срцето на вашиот Господ со стекнување на духовна љубов: носејќи ги деветте плодови на Светиот Дух (Галатјаните 5:22-23) и со исполнување на Блаженствата (Матеј 5:3-10). Потоа вие треба да бидете верни на работата која ви е дадена од Бога. Вие мора да водите колку што можете луѓе на Бога да се молат искрено, проповедајќи го евангелието, и служејќи на црквата.

Се надевам дека секој од вас, Божји скапоцени чеда, ќе го надмине светот со цврста верба, надеж за рајот и љубов за Бога, и ќе изјави, "Завршено е" со почитување на Бога и Неговата волја на начин како што нашиот Господ Исус

Христос ни покажал.

Оче, Во Твои Раце Го Предавам Својот Дух

Додека Тој ги изговараше Неговите последни зборови на крстот, Исус беше потполно истоштен. Во ваква состојба, Исус извикал со силен глас, "Оче, во Твои раце Го предавам Својот дух!"

А Исус извика гласно и рече, "Оче, во Твои раце Го предавам Својот дух!" И штом го рече тоа, издивна. (Лука 23:46).

Вие може да забележите дека Исус го нарекол Бога "Оче" наместо "Боже Мој." Ова укажува дека Исус сега ја завршил Неговата мисија како жртва за искупување.

Исус Му ги Предаде Неговиот Дух и Душата на Бога

Зошто Исус, кој дојде на земјата како наш Спасител, ги предаде Неговиот дух и душа во рацете на Неговиот татко?

Човекот е составен од дух, душа и тело (1 Солуњаните 5:23). Кога тој умира, неговиот дух и душа го напуштаат неговото тело. Неговиот дух и душа ќе се вратат на страната на Бога ако тој е чедо Божјо. Во спротивно, неговиот дух и душа ќе одат во пеколот (Лука 16:19-31). Неговото тело се погребува и се враќа во правта.

Исус, Синот Божји, стана тело и дојде на овој свет. Тој имаше дух, душа и тело како што имаме и ние. Како што беше распнат, Неговото тело умре но не и Неговиот дух и душа; Тој ги предаде Неговиот дух и душа во рацете на Бога.

Господ ги прима и вашиот дух и вашата душа кога вие умирате. Ако Господ го прими само духот, но не и душата, вие никогаш нема да ја искусите вистинската среќа во рајот или да бидете благодарни од дното на вашето срце. Зошто? Вие нема да се сеќавате на нешта кои излегуваат од вашата душа како што се солзи, тага, страдање и други нешта кои вие сте ги доживеале на оваа земја. Поради тоа Господ ги прима двете, и духот и душата.

Зошто, тогаш, Исус ги предал Неговиот дух и душа на Бога? Тоа е така бидејќи Господ е Создател, кој управува со се во универзумот и се грижи за вашиот живот, смрт, клетва и благослов. Со други зборови, се му припаѓа на Бога и е под Негова власт. Господ е Единствениот кој одговара на вашите молитви. Затоа, Исус Самиот мора да се моли со цел да го предаде Неговиот дух и душа на Господ Отецот (Матеј 10:29-31).

Исус се Молел со Силен Глас

Зошто Исус се молел со силен глас иако Тој минуваше низ големи страдања, велејќи, "Оче, во Твои раце Го предавам Својот дух!"?

Ова беше бидејќи Тој сакаше луѓето да слушнат и да

разберат дека извикувањето во молитва беше Божја волја. Неговата молитва за предавање на Неговиот дух на Бога беше искрена како Неговата молитва на Гетсиманија кратко пред Неговото апсење.

Исто така, Исусовата молитва, "Оче, во Твои раце Го предавам Својот дух!," докажува дека Исус исполнил се според Божјата волја. Така, Тој сега можел да го предаде Својот дух на Бога со гордост откако Тој ги завршил Неговите дела во потполно почитување на Бога

Апостолот Павле признал, *"Добро се борев, патот го завршив, верата ја запазив; понатаму ме очекува венецот на правдата, што ќе ми го даде во оној ден Господ, праведниот Судија; но не само Мене, туку и на сите кои се радуваат на Неговото доаѓање."* (2 Тимотеј 4:7-8).

Ѓаконот Стефан исто така живеел според Божјата волја и ја одржувал верата. Поради тоа тој можел да се моли, *"Исусе Боже, прими го мојот дух"* кога го испуштил духот (Дела на Светите Апостоли 7:59). Апостолот Павле и Стефан не би можеле да се молат на тој начин доколку тие воделе световни животи, во потрага по задоволства кои произлегуваат од грешната природа.

Исто така, вие гордо може да кажете, "Готово е" и "Оче, во Твои раце Го предавам Својот дух!," на начин како што направил Исус, кога вие сте живееле само според волјата на Господ Отецот.

Што се Случи по Смртта на Исус?

Исус почина на крстот откако ги изговори неговите последни зборови со силен глас. Беше деветтиот час (три часот попладне). Иако беше дење, темнина ја прекри целата земја од шестиот час (пладне) до деветтиот час и завесата на храмот се расцепи на два дела (Лука 23:44-45).

И наеднаш се расцепи црковната завеса на два дела, од горниот крај до долниот; и земјата се затресе и карпи паднаа; и гробови се отворија; и многу тела на упокоени светии воскреснаа; па како излегоа од гробовите, по воскресението Негово, влегоа во Светиот град и се јавија на мнозина. (Матеј 27:51-53).

Има важно духовно значење во фразата, "црковната завеса се расцепи на два дела од горниот крај до долниот" Долгата завеса на храмот служеше да го оддели Светото Место од Светијата над Светиите. Никој не можеше да влезе во Светото Место освен свештеник и само голем свештеник можеше да влезе кај Светијата над Светиите еднаш годишно.

Кинењето на завесата од храмот укажува дека Исус се понудил Самиот Себеси како понада за мир за да се сруши ѕидот на гревовите. Пред да се раскине завесата на два дела, големиот свештеник даде понади за грев во име на луѓето и ги намени на Бога.

Вие може да имате директна врска со Бога бидејќи ѕидот

на гревовите беше срушен преку смртта на Исус. Тоа значи, кој и да верува во Исус Христос може да влезе во светото светилиште и да се поклони и да се моли на Бога без посредство на првосвештеници или пророци.

Затоа, авторот на Евреите забележал, "И така, браќа, кога имаме слобода да влегуваме во Светилиштето преку крвта на Исуса Христа, по нов и жив пат, што одново ни го отвори Он низ завесата, односно преку Своето тело." (Евреите 10:19-20).

Како дополнение, земјата се потресе и карпите се поделија. Сите овие неприродни настани ви кажуваат дека целата природа на овој свет беше потресена. Тоа беше прикажување на тагата на Бога предизвикана од злото на човештвото. Господ со тоа покажа дека Тој беше длабоко повреден бидејќи срцето на луѓето беше премногу закоравено за да го прими Исус Христос иако Тој го имаше дадено Неговиот единствен Син за да ги спаси.

Гробовите се отворија и телата на многу свети луѓе кои умреле беа воскреснати. Тоа е доказ за воскреснувањето дека секој кој верува во Исус Христос му е простено и повторно живее.

Затоа, јас се надевам дека вие ги разбирате духовните значења и љубовта на Господ во Неговите последни седум збора на крстот за да можете да водите победнички Христијански живот копнеејќи за доаѓањето на Бога како прататковците на верата.

Глава 8

Вистинската Вера и Вечниот Живот

- Колку ли Длабока Тајна е Тоа!
- Лажните Исповедувања не водат
  кон Спасение
- Телото и Крвта на Синот Човечки
- Проштевање Само со Чекорење
  во Светлината
- Верата со Дела е Вистинската Вера

Кој го јаде Моето тело и ја пие Мојата крв, има живот вечен и Јас ќе го воскреснам во последниот ден. Зашто Моето тело е вистинска храна, и Мојата крв-вистинско питие. Кој јаде од Моето тело и пие од Мојата крв, ќе биде во Мене, и Јас во него. Како што Ме прати живиот Отец, и Јас живеам преку Отецот, така и тој што јаде од Мене, ќе живее преку Мене.

Јован 6:54-57

Крајната цел на верувањето во Исус Христос и одењето во црква е да се биде спасен и да се стекне вечен живот. Сепак, многу луѓе мислат дека тие ќе бидат спасени само со одење во црква во недела и со нивното тврдење дека веруваат во Исус Христос, без да живеат во согласност со словото Божјо.

Секако, како што е кажано во Галатјани 2:16, „*Откако узнавме дека човекот се оправдува не преку делата од Законот, туку само преку верата во Исуса Христа, и ние поверувавме во Христа Исуса, за да се оправдаме преку верата во Христа, а не преку делата од Законот; оти преку делата од Законот нема да се оправда ниедна плот,*" не можете да влезете во рајот или да бидете сметани за праведни само со надворешно почитување на законот, особено кога вашето срце е исполнето со зло. Вие не можете да воспоставите врска со Исус Христос, доколку продолжите со правење гревови и не го следите словото Божјо дури и откако сте го научиле.

Затоа, вие треба да разберете дека е тешко да бидете спасени само со изразување на вашата вера со усните. Крвта на Исус Христос ве прочистува од вашите гревови единствено кога чекорите во светлината и живеете во вистината. Вие треба да имате вистинска верба пропратена со дела (1 Јован 1:5-7).

Сега, да разгледаме во детали како да имаме вистинска верба со цел да добиеме целосно спасение и вечен живот како суштински чеда Божји.

Колку ли Длабока Тајна е Тоа!

Пишува во Ефесјаните 5:31-32, *"Поради тоа, човекот ќе го остави татка си и мајката своја, и ќе се придружи кон жената своја, та обајцата ќе бидат една плот. Оваа тајна е голема, но јас ви зборувам за Христа и за Црквата."*

Општо е прифатено дека луѓето ги напуштаат нивните родители и се обединуваат со нивните маж или жена кога ќе пораснат. Зошто, тогаш, ова што го кажа Господ беше длабока тајна? Ако го протолкувате и разберете овој стих буквално, вие нема да знаете што претставува оваа "длабока тајна", но ако го сфатите духовното значење на тоа, вие ќе бидете исполнети со среќа.

"Црквата" тука се однесува на чедата Божји кои го примиле Светиот Дух. Имено, Бог ги споредил врските помеѓу Исус Христос и верниците со таа помеѓу маж и жена кога се обединети.

Како вие може да го напуштите светот и да бидете обединети со вашиот Младоженец Исус Христос?

Ако го Прифатите Исус Христос со Вера

Бидејќи првиот човек Адам сторил грев со непочитување на Бога, гревот влегол во овој свет. Сите негови потомци станале робови на гревот и чеда на непријателот ѓавол кој владее над овој свет.

Вие му припаѓавте на овој свет и на непријателот ѓаволот, кој има моќ во овој свет на темнината, пред да го прифатите Исуса Христа. Ова е потврдено од Јован 8:44, каде што пишува, *"Вашиот татко е ѓаволот; и вие сакате да ги исполнувате желбите на својот татко; тој е човекоубиец од почетокот и не стои во вистината, зашто во него нема вистина. Кога зборува лага, говори од себе, зашто е лажец и татко на лагата,"* и во 1 Јован 3:8, кој вели, *"Кој прави грев, од ѓаволот е, зашто ѓаволот греши од почетокот."*

Сепак, кога го прифаќате Исуса Христа како ваш Спасител и доаѓате во светлината, вие ја добивате власта на чедо Божјо и станувате ослободени од гревови, бидејќи вашите гревови се простени преку крвта на Исус Христос.

Доколку поседувате верба дека Исус Христос ве искупи од вашите гревови со земањето на Неговиот крст, Господ ви го дава Светиот Дух како подарок, и Светиот Дух го раѓа духот во вашето срце. Светиот Дух ви ја кажува и ве подучува на Божјата волја вие да се однесувате и живеете според вистината.

Вие тогаш станувате чедо Божјо водено од Духот на Бога, кон Кого повикувате, "Оче Наш" (Римјаните 8:14-15), и го наследувате царството небесно.

Колку прекрасно и таинствено е тоа што чедата на ѓаволот кои еднаш паднале во вечната смрт станале чеда Божји кои сега се насочени кон рајот преку вера!

Кога сте обединети со Исус Христос преку верувањето во Него, Светиот Дух влегува во вашето срце и се обединува со семето на животот. Господ го создал првиот човек од правта и вдахнал во неговите ноздри здив на животот. Здивот на животот е семето на животот, самиот живот. Затоа, никогаш не може да умре и тој се пренесува на потомците преку спермата и јајце клетките на човечките суштества од една генерација на друга.

Ова семе на животот е обвиткано со срцето. Откако Господ го создаде Адама, Тој го засади познавањето на животот, познавањето на духот во неговото срце. Како што новороденото бебе треба да учи за знаењето на овој свет за да стане културен и карактерен човек и да живее како човечко суштество, живите суштества имаат потреба од знаење за животот за да станат вистински живи суштества иако тие самите веќе се живи.

Адам еднаш беше исполнет само со знаењето на духот, имено со вистината. Сепак, откако не го послушал Бога, комуникацијата со Бога беше прекината. Тој тогаш почна да го губи знаењето на духот малку по малку, и невистината го превзеде местото во неговото срце.

Од тогаш наваму, срцето што било исполнето само со вистина почнало да се исполнува со две нешта: вистина и невистина. На пример, Адам имал љубов во неговото срце, но непријателот ѓаволот засадил невистина наречена омраза во него. Како резултат на тоа, како што може да видите во Битие 4, Каин, кого го родил Адам откако сторил грев, го убил неговиот брат Авел од зависст и љубомора.

Како што поминуваше времето, друг дел почна да се развива во срцето, кое беше исполнето со вистина и невистина. Тој дел се нарекува "природа." Вие ги наследувате карактеристиките и особините од вашите родители. Вие внесувате што ќе видите, слушнете, и научите заедно со вашите чувства во вашиот ум. Овие две ја образуваат "природата" која е во потрага по вистината.

Оваа природа често се нарекува "совест," и се формира многу различно во зависност од видот на луѓето кои ги запознавате, видот на книгите што ги читате, и од самите околности во кои сте одгледани. На пример, додека гледате во ист настан или личност, некои велат, "Тоа е лошо" додека други може да речат, "Тоа е добро" или "Тоа и припаѓа на добрината."

Затоа, кога анализирате нечие срце, има вистинит дел кој му припаѓа на Бога, и невистинит дел кој е даден од Сатаната, и природата на поединецот која е формирана како резултат од овие два дела.

Светиот Дух Обединет со Семето на Животот во Срцето

Во случајот на Адам, тие три дела го обвиткувале семето на животот кое е дадено од Бога во срцето. Оваа состојба настана кога словото Божјо "Ти сигурно ќе умреш" беше исполнето откако Адам јадеше од дрвото на познавањето на доброто и на злото. Иако таму постои семе на животот, не постои разлика од тоа да се биде мртов доколку тоа не функционира.

На пример, кога гледате семиња во полето, не сите семиња никнуваат бидејќи некои од нив се веќе мртви. Сепак, доколку семињата се живи, тие сигурно ќе никнат.

Исто е и со човечките суштества. Ако семето на животот кое беше дадено од Бога е потполно мртво, тоа не може да оживее, и нема потреба Господ да го подготвува Исус Христос за спасение на човечките суштества или да прави рај и пекол.

Сепак, семето на животот дадено на човекот кога Господ вдахнал здив на животот во него е вечно. Кога вие го примате евангелието, семето на животот оживува; вистинскиот дел во вашето срце станува поголем, многу полесно можете да го прифатите евангелието. Кој и да ја слуша пораката на крстот и го прифаќа Исус Христос го прима Светиот Дух. Тогаш, семето на животот во вашето срце се обединува со Светиот Дух.

Наспроти ова, луѓето со совест изгорена како со врела пегла немаат простор за евангелието да навлезе бидејќи срцето на невистината потполно го обвиткува и го крие семето на животот во нивните срца. Семето на животот кое било во состојба на смрт добива сила да ја изврши својата функција кога е во комбинација со Божјата голема сила, Светиот Дух.

Да Се Стане Човек на Духот

Како што присуствувате на богослужби, го исполнувате Словото Божјо, и се молите, Божјата милост и голема моќ доаѓа врз вас и ви овозможува да ја следите природата на Светиот Дух.

Преку овој процес, вашето срце и дух стануваат едно како што вашето срце станува се повеќе и повеќе вистинито со отргнувањето на невистината од него и исполнувањето со вистина. Ако срцето на поединецот е потполно исполнето со знаењето на духот и вистината, тоа срце е дух исто како што му било и на првиот човек Адам.

Иако вие може да изгледате верно, вие се однесувате според вашата природа доколку не се молите. Светиот Дух во вас не може да роди дух и вие сте сеуште човек на плотта. Понатаму, не можете да ја следите природата на Светиот Дух ако не ги прекршите вашите сопствени мисли и аргументи дури и ако многу искрено се молите или многу долго време. Затоа, вие не може да бидете преобратени во човек на духот.

Светиот Дух ви овозможува да размислувате според вистината во вашето срце. Односно, вие живеете по желбите на Светиот Дух. Следствено и Сатаната работи на истиот начин да ве поведе по патот на уништувањето со тоа што ве искушува да ги следите телесните мисли толку многу колку што сеуште имате невистина во вашето срце.

Затоа, вие мора да се ослободите од двете и од телесните мисли и од вообразеноста како што се вели во 2 Коринтјаните 10:5, *"И секое превознесување, што се крева против познавањето на Бога, и поробуваме секој разум, за да Му биде покорен на Христа.”*

Кога го почитувате Словото Божјо, велејќи, “Да” и ја следите желбата на Светиот Дух, вашето срце може да биде исполнето само со вистина, и тогаш вие може да станете совршено осветен човек на духот.

Вие Може да Добиете Што и да Побарате

Вие станувате едно со Бога кога ги отфрлате сите невистини, ја кршите “вообразеноста” со раѓање на духот преку Светиот Дух, и вашето срце ви станува чисто како срцето на вашиот Господ Исус Христос.

Мажот и жената стануваат едно тело и создаваат бебе преку обединување на сперматозоидот и јајце клетката. Исто така, кога излегувате од светот и станувате едно со Исус Христос, вашиот младоженец со тоа што го прифаќате Него, ќе родите дух со Светиот Дух и изобилно ќе примите благослов што сте чеда Божји.

Како што се вели во Римјани 12:3, има мерки на верба, и вие добивате одговори според тие мерки. Во 1 Јован 2:12 и следните, растењето на вербата е споредено со процесот на растење на човечките суштества.

Оние кои го прифаќаат Исус Христос, го примаат Светиот Дух, се спасени и имаат вера на мали деца (1 Јован 2:12). Оние кои се обидуваат да ја претворат вистината во дејствие имаат вера на момчиња (1 Јован 2:13). Кога тие ќе пораснат повеќе од овој степен и всушност ја применуваат вистината во дејствија, тие ја имаат верата на младите (1 Јован 2:13). Ако тие пораснат повеќе, имаат вера на татковци (1 Јован 2:13).

Кога читате за Јов во Стариот Завет, Господ го препознава него како непорочен и праведен човек, но кога Сатаната го предизвикал, Господ му дозволил на Сатаната да го тестира Јов. Прво, Јов инсистираше на тоа дека тој е праведен. Сепак, тој наскоро ги сфати неговите зла и се покаја пред Бога кога злото во неговата природа беше ставено на тест. Вообразеноста на Јов беше скршена и неговото срце стана праведно и чисто од гледна точка на Бога. Само тогаш Бог можеше да го благослови два пати пообилно од претходно.

Исто така, ако ја добиете мерката на верата на татковците, која е највисок степен на верата преку кршењето на вашата сопствена вообразеност и станете едно со Бога, вие може да примите изобилни благослови како чедо Божјо. Ова е она што Господ ви го ветил во 1 Јован 3:21-22: *"Возљубени, кога нашето срце не нé осудува, тогаш ние имаме слобода пред Бога; и, што и да запросиме, добиваме од Него, бидејќи ги пазиме Неговите заповеди и правиме што е благоугодно пред Него."*

Вие Може да Уживате во Благословите како Чедо Божјо

На овој начин, вие станувате едно со Исус Христос до степенот до кој станувате духовен. Вие исто така примате благослови за стануваше едно со Бога онолку колку што ја исполнувате Божјата праведност.

Исус ви ветил во Јован 15:7 дека *"Ако останете во Мене, и зборовите Мои во вас, тогаш што и да посакате, барајте, и ќе ви биде."* Исто, во Јован 17:21, Тој ни кажал *"за да бидат сите едно, како што си Ти, Оче, во Мене, и Јас во Тебе, па така и тие да бидат во Нас едно, и да поверува светот дека Ти си Ме пратил."*

Исто така, ако сте обединети со Бога преку излегувањето од овој свет кој е управуван од темната силата на ѓаволот, вие стануваат едно со вашиот Отец Господ Бог. За ова во Галатјаните 4:4-7 пишува како што следи:

> Но кога се исполни времето, Бог Го испрати Својот Син, кој се роди од жена и се потчини на Законот, за да ги откупи оние, што се под Закон, та да примиме посиновение. А бидејќи вие сте синови, Бог го испрати Духот на Својот Син во срцата ваши, кој вика, "Ава! Оче!" Затоа не си веќе роб, туку син; ако си, пак, син, тогаш си и наследник Божји преку Исуса Христа.

Како што луѓето наследуваат имоти од нивните родители, вие го наследувате царството Божјо кога стануваат Негово чедо преку прифаќањето на Исус Христос. Односно, чедата на ѓаволот го наследуваат пеколот од ѓаволот, а чедата Божји го наследуваат рајот од Бога.

Сепак, мора да имате на ум дека оние кои не раѓаат дух со

Светиот Дух мора да одат во пеколот бидејќи рајот е чисто место исполнето само со вистина и дека до степенот до кој вашиот дух е просперитетен и станува едно со Бога, вие ја примате славата да живеете поблиску до Бога во рајот.

Затоа, се надевам дека вие можете да го примите благословот на вечниот живот преку прифаќањето на Исус Христос вашиот младоженец и да станете едно со Господ Исус и Господ Отецот со отфрлање на сета невистина и со откажување од вообразеноста. На овој начин, вие може да му ја оддадете сета слава на Бога.

Лажните Исповедувања не водат кон Спасение

Исус Христос стана вашиот вистински младоженец кој ве води по патот на вечниот живот и благослов кога вие сте обединети со Него преку верба. Ако наликувате на срцето на Исуса Христа, вашиот младоженец, и постигнете совршена вера, вие не само што ќе го наследите царството небесно туку вие исто така таму ќе светите како сонце .

Кога ја читате Библијата внимателно, гледате дека некои луѓе кои тврдат дека веруваат во Бога не се спасени. Во Матеј 25, има парабола за десет девојки. Пет мудри девојки кои подготвиле масло биле спасени, но другите пет неразумни девојки не можеле да бидат спасени.

Исто така, Господ јасно ви кажува во Библијата кој може, а кој не може да биде спасен дури и ако секој од нив може да тврди дека има вера. Вие тогаш ќе го знаете видот на живот што треба да го живеете со цел да бидете спасени.

Се вели јасно во Матеј 7:21, *"Не секој што Ми вели, 'Господи, Господи,' ќе влезе во царството небесно, а оној што ја исполнува волјата на Мојот Отец небесен."* Ако го викате Исус 'Господе, Господе,' тоа значи дека вие верувате дека Исус е Христос. Сепак, вие не може да бидете спасени само со извикување на името на Бога и одење во црква во неделите.

Оние кои Чинат Зло Не Може да Бидат Спасени

Господ ви кажува за Пресудата во Матеј 13:40-42:

Така како што се собира плевелот и се гори во оган, така ќе биде и при свршетокот на овој свет; ќе испрати Синот Човечки Свои ангели и ќе ги соберат сите соблазни од Неговото царство, и оние што вршат незаконски дела, и ќе ги фрлат во вжарена печка; таму ќе биде плач и крцкање со заби.

Кога земјоделецот жнее, тој го собира житото во неговиот амбар, но ја гори плевата со оган. На ист начин, Господ ви кажува дека оние кои не се праведни од гледиште на Бога мора да се соочат со казна.

"Се што предизвикува грев" се однесува на сите оние кои тврдат дека веруваат во Бога, но ги искушуваат браќата и сестрите во вера и прават тие да ја изгубат нивната вера. Затоа, вие нема да бидете спасени доколку правите луѓето да грешат и да чинат зло.

Што, тогаш, е зло? 1 Јован 3:4 пишува дека, *"Секој што прави грев, прави и беззаконие; и гревот е беззаконие."* Како што секоја земја има свој збир на закони, има духовни закони во царството Божјо исто така. Законот на духовното царство е словото Божјо запишано во Библијата. Кој и да го прекрши словото Божјо е осуден на ист начин на кој секој кој го прекршува законот е осуден според законот. Затоа, прекршувањето на словото Божјо е лошо и грев.

Законот на Бога може да биде широко поделен во четири категории: "прави," "не прави," "придржувај се," и "отфрли." Бидејќи Господ е светлина, Тој им кажува на Неговите чеда да прават она што е добро, да не прават она што е погрешно, да ги исполнуваат должностите на чедата Божји, и да се откажат од она што Бог мрази бидејќи Тој сака Неговите чеда да живеат во светлина.

Во Повторени Закони 10:12-13 Господ ни укажува, *"И сега, Израиле, што бара од тебе ГОСПОД, твојот Бог? Само да се боиш од ГОСПОДА твојот Бог, да одиш по сите Негови патишта, да Го сакаш, и да Му служиш на ГОСПОДА, твојот Бог, од се срце и со сета душа; да ги пазиш заповедите на ГОСПОДА, твојот Бог, и наредбите Негови, кои денеска ти ги заповедам, за да ти биде добро."* Од една страна, вие ќе примите благослови ако работите според Словото Божјо. Од друга страна, вие ќе примите вечна смрт поради злото и гревот доколку не живеете според Неговото слово.

Галатјаните 5:19-21 ги бележи телесните дела:

Делата на телото се познати, Тие се: прељубодејство, блудство, нечистотија, бесрамност, служење на идоли, магии, непријателство, кавги, ревнувања, гнев, расправии, несогласности, ереси, зависти, убиства, пијанство, срамни гостувања, и други слични работи; однапред ви велам, како што ви реков и порано, дека оние што го прават тоа нема да го наследат царството Божјо.

"Прељубодејство" се однесува на сите видови на сексуална нечистотија и на неостанувањето девствен, вклучувајќи одржување сексуални врски пред законскиот брак. "Нечистотија" тука значи нездрави дејства надвор од здравиот разум кои се резултат на грешна природа.

"Блудство" е кога вие секогаш ја следите вашата грешна, сексуална неморалност и живеете според прељубнички зборови и дела. "Идолопоклонство" е обожување на предмети кои се направени од злато, сребро, бронза или некоја друга материја, или кога вие сакате нешто повеќе отколку што го сакате Бога.

"Магии" е да примамите некого со луцидни лаги. "Непријателство" е да имате желба да уништите други луѓе во непријателство, што е спротивно на љубовта. "Кавги" се однесува на делата со кои настојувате да барате лична корист и власт. "Љубомора" е да мразите друга личност бидејќи чувствувате дека е подобра од вас. "Ревнувања" не значи само да бидете лути, туку да предизвикувате штета на други поради екстремен гнев.

"Расправии" се однесува на правење издвоена група или огранок и следење на делата на Сатаната бидејќи вие не се согласувате со другите. "Несогласности" е да направите партија и да се издвоите преку следење на вашите мисли, а не на мислите на Светиот Дух. "Ереси" се однесува на негирање на Бога Тројството и Исус кој дошол во тело, ја пролеал Неговата крв за да ги искупи човечките суштества и да стане Христос.

"Завист" претставува нанесување на штета или вршење на штетни дејства против некого поради љубомора. "Пијанство" е дело на пиење алкохол, а "Пијанчење" значи не само да се опивате, неумерено живеење, и губење на контрола, туку исто така и неуспех соодветно да ги извршите вашите должности како сопружник или родител.

Како дополнение, "вакви нешта" значи дека има многу грешни дела слични на овие, и оние кои ги вршат овие дела нема да бидат спасени.

Гревови кои Водат во Смрт и Гревови кои Не Водат

Во овој свет, "грев" се смета за "грев" кога резултатот од тој грев е очигледен и физичката штета на другата страна е поддржана со соодветни докази. Сепак, Господ кој е светлина, ни кажува дека не само грешните дела туку исто така и сета темнина која е против светлината е грев.

Иако тие не се прикажани или посведочени, сите грешни желби во вашето срце како што се омраза, завист, љубомора, страст, судење на други, пресудување, суровост и нечисти страсти се зло и гревови исто така.

Затоа Господ ни кажува, *"Јас пак ви велам дека секој што ќе погледне на жена со желба, тој веќе извршил прељуба со неа во срцето свое,"* (Матеј 5:28) и *"Секој што го мрази братот свој, е човекоубиец; и познато ви е дека ниеден човекоубиец нема живот вечен, што ќе пребива во него."* (1 Јован 3:15). Како дополнение, во Римјани 14:23 се вели, *"А кој се сомнева, ако јаде, осуден е; зашто не јаде со вера; а сѐ што не е според верата, грев е,"* и Јаков 4:17 пишува дека *"И така, грев е за оној, кој знае да прави добро, а не го прави."* Затоа, вие треба да сфатите дека е грев и беззаконие да не го правите она што Господ сака и заповеда.

Сепак, дали сите луѓе ќе умрат доколку ги прават овие гревови? Вие треба да сфатите дека да се живее во верба значи ако некој што претходно лажел, се моли и се обидува да стане чесен човек. Дури иако таквите сеуште не ги исфрлиле сите нечеснотии од нивните срца поради нивната слаба вера, не е вистина дека тие нема да бидат спасени поради овој грев.

1 Јован 5:16-17 ни кажува, *"Ако некој го види брата си да греши со грев не за смрт, нека се моли, и Бог ќе му даде*

живот, - односно на оној што греши, не за смрт. Постои грев за смрт: за тој грев не велам да се моли. Секоја неправда е грев, но има грев не за смрт."

Гревовите се генерално поделени во две категории: оние кои водат во смрт и такви кои не водат во смрт. Оние кои прават гревови кои не водат во смрт може да бидат спасени доколку вие ги охрабрите нив, се молите за нив, и им помагате да се покајат за нивните гревови. Сепак, доколку некој прави гревови кои водат во смрт, тој не може да биде спасен дури и ако вие се молите за него.

Луѓето кои се сметаат за искрени понекогаш лажат за нивна сопствена корист, или прават многу измамнички дела иако самите дела не им штетат на други луѓе. Вие дознавате дека сте биле грешници кога ќе ја согледате вистината, иако сте мислеле дека сте живееле праведен живот пред да верувате во Бога. Господ ви ги покажува не само гревовите кои може да се видат туку исто така и злите мисли во вашите срца, кои сите се гревови.

Сите погрешно направени нешта се гревови и платата за гревот е смртта. Сепак, Исус Христос ви ги простил сите ваши гревови во минатото, сегашноста, и иднината преку пролевањето на Неговата крв на крстот. Има гревови кои може да бидат простени со силата на Исусовата крв кога ќе се покаете и ќе се одвратите од нив. Тоа се гревовите кои не ве водат во смрт.

Доколку не се покаете туку продолжите да грешите, вашата совест ќе стане скаменета. Тогаш, најпосле, вие не можете да го примите духот на покајувањето доколку сторите грев кој води во смрт. Затоа, вашите гревови не може да бидат простени дури и ако се обидете да се покаете.

Сега, да погледнеме на трите вида на гревови кои водат во смрт: хулење против Духот, постојано подложување на Синот Божји на јавно омаловажување и продолжување со намерно грешење.

Хулење на Светиот Дух

Постојат три нешта во хулењето против Светиот Дух. Вие вршите хулење против Духот кога зборувате против Светиот Дух, кога ги оспорувате делата на Светиот Дух, и кога го срамите Светиот Дух.

Затоа ви велам, секој грев и хула ќе им се прости на луѓето, но хулата против Светиот Дух нема да им се прости на луѓето. И, ако некој каже збор против Синот Човечки ќе му се прости; но, ако каже нешто против Светиот Дух, нема да му се прости ни на овој, ни на оној свет. (Матеј 12:31-32).

На секој, што ќе каже збор против Синот Човечки, ќе му биде простено; но на оној кој похули на Светиот Дух, нема да му се прости. (Лука 12:10).

Прво, "говорењето против други" претставува тие да се

наклеветат и да се спречат нивните дела. *"Говорење против Светиот Дух"* е да се обидете да го попречите воспоставување на царството Божјо со попречување на делата на Светиот Дух врз основа на сопствената волја на поединецот и неговите мисли. На пример, се говори против Светиот Дух кога вие ги оспорувате делата на Бога бидејќи тоа не се совпаѓа со вашите мисли дури иако тоа е дело на Светиот Дух.

Вие може да осудите слуга Божји како еретичен кога всушност тој не е, и да ги попречите делата на Светиот Дух, и тоа претставува толку ужасен грев пред Бога што не може да биде простен. Затоа, вие мора да бидете во можност да направите разлика помеѓу духовите според вистината.

Се разбира, вие мора строго да ги прекорите луѓето и не смеете да го дозволите нивното однесување доколку тие се обидуваат да направат другите да примат зол дух или пак тие се навистина еретични од гледна точка на Бога. Тит 3:10 пишува, *"Бегај од човек еретик, откако еднаш и по втор пат го советуваш."*

Денес, многу луѓе осудуваат некои цркви како еретички или дури и ги прогонуваат на различни начини, и тоа такви кои го признаваат Господ Тројството и се придружени со делата на Светиот Дух, бидејќи таквите луѓе не се во состојба да направат разлика помеѓу духовите. Иако тие тврдат дека веруваат во Бога, тие немаат доволно библиско знаење за ересот. Понекогаш, тие дури и не ја знаат дефиницијата за ерес.

Во случај на прогонување на други поради недостаток на

вистинско знаење, ако луѓето се покајат и се вратат, ним може да им се прости. Сепак, ако тие ги попречуваат делата на Бога со една зла намера и љубомора иако тие знаат дека се работи за дело на Светиот Дух, ним никогаш не може да им биде простено.

Може да најдете пример за ова во Библијата. Во Марко 3, кога Исус изведува натприродни знаци и чудеса, оние кои му беа љубоморни Нему раширија озборување дека Тој е луд. Озборувањето го раширија толку многу така што членовите на Неговото семејство кои живееја далеку дојдоа да го тргнат Него настрана од јавноста.

Учителите на законот и фарисеите го критикуваа Исус, велејќи, *"А книжниците што беа слегнале од Ерусалим, велеа дека во Него е Велзевул и дека бесовите ги истерува со силата на кнезот демонски."* (Марко 3:22). Тие имаа темелно знаење на Словото Божјо. Тие го знаеја законот многу добро и им го кажуваа на луѓето, но сепак тие сеуште ги оспоруваа делата Божји поради нивната љубомора и завист кон Исус.

Второ, "оспорување на делата на Светиот Дух" претставува пркосење на гласот на Светиот Дух кој Бог го има дадено, или судење и осудување на делата на Светиот Дух и обидување да им се наштети на други луѓе.

На пример, се зборува против Светиот Дух со цел да се рашират озборувања или да се фалсикуваат документи, или да се осуди свештеник или црква како "еретички" каде што се прикажуваат делата на Светиот Дух , за да се попречат состаноците за закрепнување во верата или средбите.

Тогаш, што значи "Кој и да зборува против Синот Човечки, ќе му биде простено"? "Синот Човечки" во овој стих се однесува на Исус кој дојде како човечко суштество пред да биде распнат на крстот.

Зборување против Синот Човечки значи да не се почитува Исус, знаејќи и препознавајќи го Него едноставно како личност бидејќи Тој дојде во тело. Неможноста да се препознае Исус како Спасител произлегува од недостатокот на знаење. Во овој случај, вам ќе ви биде простено и може да бидете спасени само ако темелно се покаете и го прифатите Бога.

Затоа, ако сторите ваков вид на грев без да ја знаете вистината или пред да го примите Светиот Дух, Господ ви дава можност да се покаете и да ви биде повторно простено.

Сепак, ако не го почитувате и го оспорувате Бога знаејќи точно кој е Исус Христос, вие мора да сфатите дека вам никогаш не може да ви биде простено за тоа бидејќи тоа е исто како зборување против Светиот Дух и оспорување на делата на Светиот Дух.

Трето, богохулство исто така значи срамотење на нештата кои се божествени, свети и чисти. Богохулство против Светиот Дух исто така значи *срамотење на Светиот Дух,* Духот на Бога, и божественоста на Бога. Тоа е грев на непочитување на Божјата вечна сила и божественост доколку вие ги навредите делата на Светиот Дух, велејќи дека тие се дела на Сатаната, или ако вие инсистирате дека нешто е дело на Светиот Дух кога не е. Исто така, проповедање на вистината како невистина, тврдење за нешто што не е вистина дека е вистина, и осудување на она што е вистина како да е погрешно претставуваат "богохулства против Светиот Дух."

Во старо време, ако некој беше затворен поради неговите зборови или дела на хула против кралот, тоа се сметаше за предавство и тој беше осуден на смрт.

Ако вие богохулите против светата божественост на Господ, кој е семоќен и не може да се споредува со било кој цар од овој свет, вам никогаш не може да ви биде простено.

Дури и Исус, кој беше по природа Бог и дојде на овој свет во тело, не осуди никого. Доколку вие сеуште осудувате браќа и сестри, и понатаму не ги почитувате делата направени од Светиот Дух, колку ужасен грев претставува тоа! Ако стоите во стравопочит и страв од Бога, вие никогаш не можете да се спротивставите, да зборувате против, или да го срамотите Светиот Дух.

Затоа, вие мора да сфатите дека овие гревови никогаш не може да се простат ниту во ова време ниту во времето кое доаѓа и вие никогаш не треба да ги правите овие гревови. Дури и ако вие сте ги направиле овие гревови претходно, треба да ја побарате Божјата милост и да се покаете со сето ваше срце.

Подложување на Синот Божји на јавно срамотење

Ве води во смрт да го распнете Синот Божји повторно, и

да го подложите Него на јавно срамотење, како што е опишано во Евреи 6.

Зашто оние, кои веднаш се просветија, вкусија од небесниот дар, станаа учесници на Светиот Дух. И откако вкусија од добриот збор Божји и од силите на идниот век, отпаднаа – не е можно пак да бидат обновени за покајание, кога повторно во себеси го распнуваат Синот Божји и Го хулат. (Евреи 6:4-6).

Некои луѓе ја напуштаат црквата и Бога преку искушувањата на овој свет и се вклучуваат во силно срамотење на Бога иако тие го примиле Светиот Дух, знаат дека постојат рај и пекол, и веруваат во словото на вистината. Ние велиме дека тие прават грев на повторно распнување на Синот Божји и го подложуваат Него на јавно срамотење. Овој вид на личност не само што прави многу гревови контролирани од Сатаната, туку исто така го негира Бога и ги прогонува и понижува црквата и верниците.

Тие веќе ја имаат предадено нивната совест на Сатаната, па така нивните срца се полни со темнина.

Затоа, тие дури и воопшто не би посакале да се покајат и духот на покајување не доаѓа врз нив. Тие немаат можност да се покајат и затоа, ним никогаш не може да им биде простено.

Јуда Искариот го направил овој грев. Тој бил еден од Исусовите дванаесет ученици. Бил сведок на многу знаци и чуда, но тој станал алчен и го продал Исус за триесет среброници. Подоцна, неговата совест беше погодена и тој беше исполнет со каење, но духот на покајувањето не дојде врз Јуда. Неговиот грев не можеше да биде простен, и тој најпосле изврши самоубиство бидејќи беше многу измачуван од неговата вина (Матеј 27:3-5).

Намерно продолжување со грешење

Последниот грев кој води во смрт претставува продолжувањето со намерно правење гревови откако сте го примиле знаењето за вистината.

> *Зашто, ако откако ја познавме вистината, своеволно грешиме, тогаш нема веќе жртва за гревови, туку некакво страшно очекување на суд и јаростен оган што ќе ги проголта противниците. (Евреите 10:26-27).*

Да "продолжите со грешење откако сте го примиле знаењето за вистината" значи повторување со незаконски дејствија што Бог нема да ги прости. Исто така, тоа значи да продолжите со грешење, знаејќи дека се работи за грев токму како *"Ним им се случува според вистинската поговорка, 'Песот се враќа на својата блувотина,' и 'Искапената свиња – во калта.'"* (2 Петар 2:22).

Од една страна, кога Давид, кој многу го љубеше Бога, изврши прељуба, тоа доведе до појава на многу гревови и го одведе до убиство на еден од неговите најверни војници.

Сепак, кога пророкот Натан посочил на неговиот грев, Кралот Давид веднаш се покајал.

Од друга страна, Кралот Саул продолжил да греши дури и откако пророкот Самуил му ги посочил неговите гревови. Давид се покаја и ги прими благословите Божји, додека Саул беше презрен бидејќи не се покаја и продолжи да греши.

Како дополнение, Валаам беше пророк кој имаше власт за благословување и проколнување, но кога се спогодуваше со овој свет за да се стекне со богатство и слава, имаше мизерен завршеток.

Од една страна, Светиот Дух во срцата на оние кои намерно прават гревови исчезнува бидејќи Господ им го свртува грбот. Тогаш тие ја губат нивната верба и прават зли и грешни дела контролирани од ѓаволот. Најпосле, Светиот Дух во нив потполно ќе исчезне и тие не може да бидат спасени бидејќи таквите не може да се покајат и нивните имиња ќе бидат избришани од Книгата на Животот (Откровение 3:5).

Од друга страна, постојат луѓе кои продолжуваат да прават гревови бидејќи тие го знаат Бога само со знаење, но не веруваат во Него во нивните срца. Нивните гревови може да бидат простени и тие може да бидат водени по патот на спасението кога целосно и со целото срце ќе се покајат и ќе стекнат вистинска верба.

Затоа, вие треба да знаете дека нема да бидете спасени кога намерно правите гревови вршејќи ги дејствијата на грешната природа дури и ако можеби некогаш порано сте биле просветлени, сте верувале дека постои рај и пекол, и сте ја искусиле Божјата изобилна милост.

Исто така се надевам дека потполно ќе разберете дека сите гревови се беззаконие и темнина и Господ ги мрази дури и ако некои од нив не водат во смрт. Ве молам бидете мудар верник кој не дозволува ниту прави некаков грев.

Телото и Крвта на Синот Човечки

Со цел да се одржува здрав живот, вие мора да внесувате одредена храна и пијалоци. На ист начин, со цел да се задржи вашиот дух здрав и да се стекнете со вечен живот, вие мора да го јадете телото и да ја пиете крвта на Синот Човечки.

Сега, вие ќе научите што се телото и крвта на Синот Човечки, и зошто вие мора да го јадете Неговото тело и да ја пиете Неговата крв за да се стекнете со вечен живот, врз основа на следниот текст од Јован 6:53-55:

А Исус им рече, "Вистина, вистина ви кажувам: ако не го јадете телото на Синот Човечки и не ја пиете крвта Негова, не ќе имате живот во себе. Кој го јаде Моето тело и ја пие Мојата крв, има живот вечен и Јас ќе го воскреснам во последниот ден. Зашто Моето тело е вистинска храна и Мојата крв вистинско питие."

Што е Телото на Синот Човечки?

Исус ви ги кажува во Библијата тајните на рајот и Божјата волја со многу параболи. За луѓето кои живеат во овој тродимензионален свет, многу е тешко да ја разберат и сфатат волјата на Бога, кој се наоѓа во четири димензионален свет и повисоко. Затоа, Исус ги споредува небесните нешта со неживите нешта, растенијата, животните и живее во овој свет да ни помогне подобро да ја разбереме божествената волја.

Затоа Исус едниот и единствениот Син Божји се споредува со карпа и ѕвезда, што се недимензионални со еднодимензионалното вино, со дводимензионалното јагне, и со Синот Човечки кој е тродимензионален.

Исус е наречен Син Човечки, така телото на Синот Човечки е телото на Исус.

Јован 1:1 ни кажува дека, *"Во почетокот беше Словото, и Словото беше во Бога, и Бог беше Словото."* Јован 1:14 забележува дека *"И Словото стана тело и се всели во нас полно со благодат и вистина; и ние ја видовме Неговата слава, слава како на единороден од Отецот."*

Исус е оној кој дојде на овој свет во тело како Слово Божјо. Затоа, телото на Синот Човечки е Словото Божјо кое е самата вистина, и јадењето на телото на Синот Човечки подразбира да се научи Божјото Слово во Библијата.

Како да се Јаде Телото на Синот Човечки

Во Исход 12:5 и во следните стихови Исус е прикажан како "Јагнето":

А Јагнето или јарето да ви биде здраво, машко, без недостаток, од една година; земете го од овците или од козите. И чувајте го до четиринаесеттиот ден од овој месец, а тогаш општиот собор Израилев нека го заколе, во приквечерина. И нека земат крв од Него и нека ги попрскаат обата довратника и праговите на куќата, во која ќе го јадат.

Воопшто, многу верници мислат дека јагнето се однесува на нови верници, но кога внимателно ќе ја проучите Библијата, јагнето е симбол за Исус.

Јован Крстителот, гледајќи кон Исус кој се приближуваше кон него, рече во Јован 1:29, *"Еве Го Јагнето Божјо, Кое ги зеде гревовите на светот врз Себе!"* И Петар апостолот му се обраќа на Исус како на Јагне во 1 Петар 1:18-19, велејќи, *"Знаејќи дека со пропадливо сребро или злато не сте искупени од суетниот живот, кој ви се предаде од татковците ваши, туку со скапоцената крв на непорочното и чисто Јагне - Христос."* Покрај овие, и многу други изрази го споредуваат Исус со јагне.

Зошто Библијата го споредува Исус со јагне? Јагнето е најсмирено и најпокорно од сите домашни животни. Тоа го препознава гласот на својот пастир и го почитува. Ниеден друг не може да го измами јагнето дури иако луѓето се обидуваат да го емитираат гласот на неговиот пастир. Тоа им дава бела и мека волна, млеко, месо и сите делови од своето тело на луѓето.

Исто како што јагнето жртвува се за човештвото Исус совршено ја испочитува Божјата волја и жртвуваше се за нас.

Исус дојде на овој свет во тело иако Тој по самата своја природа е Бог, го проповедаше небесното евангелие, излекува многу болести и слабости и беше распнат. Исус се откажа од се за да ве искупи од вашите гревови.

Исус е спореден со јагне бидејќи Неговите особини и дејствија наликуваат на оние на кротко јагне и јадењето јагне го симболизира јадењето на телото на Исус, имено телото на Синот Човечки.

Како, тогаш, вие треба да го јадете телото на Синот Човечки. Да погледнеме во Исход 12:9-10 каде што ни се дадени следниве упатства:

Немојте да јадете сурово ниту во вода варено, туку на оган печено: со главата, со нозете и со дробовите. И ништо немојте да оставате до утрината; и коски не кршете од него; ако нешто од него остане до утрината изгорете го на оган.

Прво, вие не треба да го јадете Божјото Слово сирово

Што значи да се јаде телото на Синот Човечки "сирово"? Општо, не е добро да се јаде сирово месо. Ако јадете сирово месо, може да добиете некој вирус или бактерија и да се разболете. На ист начин, Господ ви кажува да не го јадете словото Божјо сирово бидејќи е штетно.

Словото Божјо е напишано со вдахновение на Светиот Дух, па така мора да го прочитате и да го направите ваша храна преку вдахновението на Светиот Дух.

Што ако го толкувате Словото Божјо буквално? Вие најверојатно погрешно би ја разбрале намерата на Бога. Затоа, јадењето на "Словото Божјо сирово" значи буквално да се толкува Библијата.

Како што вели Јован 1:1 *"Бог беше Словото,"* Библијата го содржи Божјото срце и волја и сите нешта се постигнати според ова Слово.

Словото Божјо ни кажува како ние можеме да дојдеме во рајот. Вие мора да го разберете Словото Божјо во потполност со цел да се здобиете со вечен живот. Обратно, телесен човек не може да го види или зграби духовниот свет.

Тоа е како да се работи за штурче што не знае дека постои небо кога е навлезено во земјата. Тоа е како да се работи за пиле кое не знае за надворешниот свет кога е внатре во јајцето. Тоа е како бебе кое не знае ништо за светот кога е сеуште во матката на неговата мајка.

Исто така, се додека сте во овој телесен свет, не знаете

ништо за духовниот свет.

Господ ви кажува дека има друг свет покрај овој тродимензионален свет. Исто како неродено пиле кое мора да ја скрши лушпата, вие исто така мора да ја скршите вашата телесна мисла со цел да го разберете и да влезете во духовното царство.

На пример, Матеј 6:6 пишува, *"Но ти, кога се молиш, влези во својата скришна соба, и, откако ќе ја затвориш вратата, помоли Му се на твојот Отец, Кој е во тајност; и Он, Кој гледа тајно, ќе те награди јавно."* Ако го протолкувате овој стих буквално, вие секогаш ќе треба да се молите во вашата соба. Сепак, не може да најдете ниту еден од прататковците на верата кои се молат во нивните соби тајно.

Исус не се молел во Неговата соба туку во гората поминувајќи ја ноќта (Лука 6:12), и на осамено место рано наутро (Марко 1:35).

Како дополнение, Даниил се молел три пати на ден со отворени прозори кон Ерусалим (Даниил 6:10), а апостолот Петар се молел на кровот (Дела на Светите Апостоли 10:9).

Тогаш, што значи кога Исус рекол, "Влези во својата скришна соба, затвори ја вратата и моли се"?

Тука, "соба" духовно го симболизира срцето на личноста. Па така влегување во вашата скришна соба значи насочување на мислите и навлегување длабоко внатре во вашето срце , исто како што вие би поминале низ дневната соба или спалната за да влезете во скришната соба. Само тогаш, може да се молите со сето ваше срце.

Кога одите во скришната соба, вие сте изолирани од надворешноста. Исто така, кога се молите, треба да ги блокирате сите непотребни мисли, грижи и она што ве засега и да се молите со целото ваше срце.

Затоа, не треба да го јадете телото на Синот Човечки сирово. Не треба да го толкувате словото Божјо буквално. Со други зборови, вие треба да го толкувате словото Божјо духовно со вдахновение на Светиот Дух.

Второ, не го јадете словото Божјо варено во вода

Што значи "Не го јадете месото варено во вода"? Тоа значи дека ние не треба да додаваме ништо на Божјото слово туку да го јадеме чисто.

Не е правилно да се проповеда словото Божјо и да се меша со политика, приказни од општеството, или со изреки за ценети или историски личности.

Господ, кој ги создаде небесата и земјата и го контролира животот и смртта на човечкиот вид, благословите и клетвите, е семоќен и не му недостасува ништо.

1 Коринтјани 1:25 вели, *"Зашто она, што е безумно за Бога, помудро е од луѓето, и она, што е за Бога немошно, посилно е од луѓето."* Ова е забележано за да ве натера да сфатите дека дури и најумните и најсовршените луѓе не може да бидат споредени со Бога.

Вие не можете да проповедате се што е опфатено во Библијата во текот на целиот ваш живот. Тогаш, како се осмелувате да ги мешате зборовите на луѓето со словото на Бога кога пренесувате порака?

Зборовите на луѓето се менуваат како што минува времето. Дури и ако има некаква вистина во нив, тие веќе биле кажани во Библијата, и се кажани со Божјата мудрост.

Затоа, ваш прв приоритет треба да биде чистото слово на Бога во подучувањето на Библијата. Секако, може да дадете некои параболи или илустрации со цел да направите луѓето да го разберат словото Божјо и тајните на духовниот свет полесно.

Вие треба да сфатите дека само Божјото слово е вечно и совршено и целосна вистина која ве води во вечен живот. Затоа, вие не треба да го јадете Неговото слово варено во вода.

Трето, вие мора да го јадете Божјото слово печено на оган

Во што е значењето *"на оган печено: со главата, со нозете и со дробовите"*? (Исход 12:9) Тоа значи дека вие треба да го направите Словото Божјо, телото на Синот Човечки, ваша духовна храна целосно без да оставите ништо надвор.

На пример, некои луѓе се сомневаат во фактот дека Мојсеј го разделил Црвеното Море. Некои луѓе дури и не се обидуваат да го прочитаат Левит бидејќи жртвите во Стариот Завет се тешки за разбирање. Некои други луѓе велат дека е тешко да се верува во чудата кои Исус ги изведувал и мислат дека овие чуда можеле само да се случуваат пред 2,000 години. Тие изоставаат многу нешта кои не се вклопуваат во човечките размислувања и се обидуваат да извлечат само морални лекции.

Тие дури и не се грижат да запомнат зборови како "Сакај го непријателот твој," или "Избегнувај секаков облик на зло" бидејќи овие зборови звучат многу тешко за нив да ги почитуваат. Дали ќе биде можно за нив да бидат спасени?

Затоа, не треба да земате само она што сакате од Библијата како неразумните луѓе. Вие треба да ги јадете сите слова во Библијата целосно печени на огнот од Битие до Откровение.

Што значи тогаш, јадењето на словото Божјо "печено на огнот"? Огнот тука се однесува на огнот на Светиот Дух. Вие треба да бидете исполнети и вдахновени со Светиот Дух кога го читате и слушате словото Божјо бидејќи тоа е напишано со вдахновение на Светиот Дух. Во спротивно, тоа е само знаење, не е духовна храна.

Со цел да се јаде словото Божјо печено на оган, вие треба искрено да се молите. Молитвите ни служат на нас како подлога за да станеме извор на исполнетост со Светиот Дух. Ако го јадете словото Божјо со вдахновение на Светиот Дух, тоа е послатко од мед. Исто така вам никогаш нема да ви биде здодевно дури и ако проповедта е многу долга, бидејќи е бесценета и вие сакате да го слушате словото Божјо како жеден елен во потрага по извор на вода.

Ова е начинот на кој што треда да се јаде словото Божјо печено на оган. Само на овој начин вие ќе го разберете

Словото Божјо, ќе го направите ваше духовно тело и крв, и ќе ја сфатите и следите Божјата волја. Вака вие раѓате дух од Светиот Дух, ја зголемувате верата, и го обновувате изгубениот образ на Бога со откривање на целосната должност на луѓето.

Сепак, оние кои го јадат словото Божјо со нивните сопствени мисли без да го испечат над огнот го чувствуваат словото Божјо како здодевно, и тие не можат да го запомнат бидејќи го слушаат незаинтересирано. Тие не можат дури ни да пораснат духовно ниту да се здобијат со вистински живот.

Четврто, не треба да го оставате Божјото слово до утрото

Што значи "Да не оставате ништо од тоа до утрото; ако нешто остане до утрото, мора да го изгорите"?

Тоа значи дека вие треба да го јадете телото на Синот Човечки, словото Божјо во текот на ноќта. Светот во кој живеете сега е темен свет контролиран од ѓаволот, и може духовно да биде изразен како ноќ или ноќно време. Кога нашиот Господ ќе дојде повторно, сите темнини ќе исчезнат и се ќе биде обновено; ќе дојде утро, светот на светлината.

Затоа, "не оставајте ништо од тоа до утрото" значи дека треба да го учите Божјото слово за да се подготвите себеси како невеста на нашиот Бог пред Тој да се врати.

Како дополнение, без оглед на тоа дали враќањето на Бога

е блиску, вие живеете само седумдесет или осумдесет години, и не знаете кога ќе се сретнете со Бога. Додека не го сретнете Бога, вие духовно растете до оној степен до кој го јадете телото и ја пиете крвта на Синот Човечки. Така вие треба внимателно да го учите Божјото слово и духовно да растете.

Доколку имате верба на татко со постојано зголемување на растот на вашиот дух, вие ќе примите слава како светло сонце блиску до тронот на Бога во Неговото царство бидејќи вие го знаете Бога кој е од почетокот, ги култивирате деветте плода на Светиот Дух и Блаженствата, и наликувате на образот Божји .

Пиење на Крвта на Синот Човечки

Со цел да се одржите во живот, мора да јадете храна како и да пиете вода. Ако воопшто не внесувате вода, храната не може да биде сварена и вие ќе умрете. Кога храната оди во стомакот измешана со вода, тие се варат, хранливите материи се апсорбираат, а отпадот се исфрла.

На ист начин, кога го јадете телото на Синот Човечки, ако не ја пиете крвта на Синот Човечки, вие не можете да го сварите. Затоа, може да добиете вечен живот само со јадењето на телото на Синот Човечки заедно со пиењето на крвта на Синот Човечки.

"Пиење на крвта на Синот Човечки" е да се стави Божјото слово во дејство со верба. Откако сте го слушнале словото на Бога, многу е важно да се однесувате соодветно, и ова е верба. Ако не се однесувате според Божјото слово откога сте го слушнале и го знаете, бескорисно е да го слушате.

На начинот на кој хранливите материи се апсорбираат и отпадот се исфрла кога ја варите храната, Словото Божјо, вистината, се апсорбира, а невистината се исфрла кога се однесувате според Божјото слово со цел да ги исчистите вашите нечисти срца.

Што се тогаш "апсорбирана вистина" и "исфрлена невистина"? Да речеме дека сте го слушале Словото Божјо, "Да не мразите, туку да се љубите еден со друг." Ако го направите ваша храна и се однесувате според него, хранливата состојка наречена љубов е апсорбирана и отпадот наречен омраза е исфрлен. Вашето срце автоматски станува почисто и повистинито со излачување на валкани и гнасни мисли.

Однесување Според Словото Божјо откога Сте го Ислушале

Сепак, ако не се однесувате според Словото Божјо, не ја пиете крвта на Синот Човечки. Затоа, Божјото слово е само дел од знаењето во главата и вие не може да бидете спасени ако не се однесувате според него.

Пиењето на крвта на Синот Човечки, однесувањето според Божјото Слово, не може да биде извршено само со човечки напор. Вие треба да имате волја и да се трудите да дејствувате според Неговото Слово, и тогаш да примите Божја милост, сила, и помош од Светиот Дух со често молење.

Ако можевте да се ослободите од гревот со свои сопствени напори, Исус немало потреба да биде распнат, и Господ немало потреба да го испраќа Светиот Дух.

Исус Христос беше распнат за да ги прости вашите гревови бидејќи вие не можете да го решите проблемот со гревот самите, и Господ го испратил Светиот Дух да ви помогне да го смените вашето нечисто срце во чисто срце.

Светиот Дух, Духот на Бога, им помага на чедата Божји да живеат со вистината и праведноста. Затоа, со помош на Светиот Дух, чедата Божји треба да живеат според Божјото слово ослободувајќи се од нивните гревови и примајќи Божја љубов и благослов.

Проштевање Само со Чекорење во Светлината

Да речете дека го јадете телото и ја пиете крвта на Синот Човечки, значи дека се однесувате во светлината според Божјото Слово. Тогаш, на каков вид дејствија се однесува ова? Вие мора да се однесувате во светлината. Ја напуштате темнината и дејствувате во светлината кога го јадете телото на Синот Човечки, го варите, и го правите вашето срце вистинско. Кога се однесувате во светлина, крвта на Бога ги чисти вашите гревови од минатото, сегашноста и иднината.

Дури и ако имате гревови кои сеуште не се отстранети, кога се каете со сето ваше срце пред Бога, вашите гревови може да бидат простени со милоста Божја. Оние кои навистина веруваат во Бога и се обидуваат да воспостават праведност во нивните срца не се повеќе грешници туку праведни луѓе, и тие може да бидат спасени и да се здобијат со вечен живот.

Бог е Светлина

1 Јован 1:5 вели *"А Евагенлието, пак, што го чувме од Него и вам ви го предаваме, е тоа дека Бог е светлина, и во Него нема никаква темнина."*

Апостолот Јован Богослов, кој го напишал 1 Јован, учел директно од Исус, кој дошол на овој свет и станал светлина на овој свет и патот кон Бога.

Затоа, се вели за Исус во Јован 1:4-5, *"Во Него имаше Живот и Животот им беше светлина на луѓето. И Светлината во темнина свети, и мракот не ја опфати."* Исус се прогласил Самиот Себеси, *"Јас сум патот, вистината и животот; никој не доаѓа при Отецот, освен преку Мене."* (Јован 14:6).

Затоа, учениците на Исус го посведочиле фактот дека "Бог е Светлина" преку Исус, и пораката која ви ја предаваат на вас е дека "Бог е Светлина."

Светлината Духовно Значи Вистина

Што, е тогаш, "светлина"? Духовно, светлината значи вистина и вистината е спротивно на темнината.

Господ ни кажува во Ефесјаните 5:8, *"Вие некогаш бевте*

темнина, а сега сте светлина во Господа; живеете како деца на светлината." Оние кои ја слушаат пораката дека "Бог е Светлина" и ја учат вистината од Бога може да сјаат и да го осветлуваат овој свет, на начин на кој светлината ја брка темнината.

Децата на светлината кои се однесуваат според вистината го носат плодот на светлината. Поради тоа се вели во Ефесјаните 5:9, "Зашто плодот на духот се состои во секое добро, правда и вистина." Духовната љубов опишана во 1 Коринтјани 13 и плодот на Светиот Дух како што е љубов, радост, мир, трпение, љубезност, добрина, верност, нежност, и самоконтрола се плодовите на светлината.

Затоа, светлина се однесува на сите зборови на вистина на добрина, праведност, и љубов како што се "сакајте се еден со друг, молете се, посветете ја неделата на Господа, придржувајте се на Десетте Заповеди" кои Бог ви ги кажува во Библијата.

Темнината Духовно Значи Грев

Темнината се однесува на состојба во која нема светлина, и духовно значи грев.

Сите невистинити нешта, кои се спротивни на вистината, се такви нешта како што се напишани во Римјани 1:28-29, "И бидејќи не се обидоа да Го имаат Бога во разумот свој, тоа Бог ги предаде на изопачен ум – да го прават она што не прилега; бидејќи исполнети со секаква неправда, блудство, лукавство, користољубивост, злоба;

полни со завист, убиства, расправии, измами, лоши нарави.” Сите овие се темнина.

Библијата ви кажува да ги отфрлите сите нешта што и припаѓаат на темнината како што се кражби, убиства, прељуба и секој вид на зло.

Од една страна, некои луѓе тврдат дека се чеда Божји, дури иако тие не го почитуваат она што им кажува Бог да го направат или да се придржуваат туку прават нешта кои Бог им кажува да не ги прават или да ги отфрлат. Оваа темнина е контролирана од непријателот ѓаволот и Сатаната и таа му припаѓа на овој свет, па така никогаш не може да биде заедно со светлината. Затоа оние кои дејствуваат во темнината ја мразат светлината и живеат далеку од неа.

Од друга страна, вистинските чеда на Бога, кој е светлина и во кого нема темнина, треба да ја отфрлат темнината и да дејствуваат во светлина. Само тогаш, можете да комуницирате со Бога и се ќе биде добро во вашиот живот.

Докази за постоење на Општење со Бога

Обично, постои непосредно општење засновано на љубов помеѓу родителите и нивните деца. На истиот начин, очигледно е за вас – кои верувате во Исус Христос – да имате општење со Бога кој е Татко на вашиот дух (1 Јован 1:3).

Општење тука значи не само дека едниот го знае другиот, туку и двајцата од нив меѓусебно добро се познаваат. Вие не можете да кажете дека сте блиски со Претседателот дури иако знаете многу за него. Исто така е и со вашето општење со Бога. Со цел да имате вистинско општење со Бога, вие треба да го знаете Него онолку добро, колку што Тој ве знае и ве признава.

1 Јован 1:6-7 вели, *"Ако речеме дека со Него општиме, а одиме во темнина, тогаш лажеме, и не постапуваме според вистината; а ако пак, во светлина одиме, како што е Он самиот во светлина, тоа значи дека ние еден со друг општиме и крвта на Исуса Христа, Неговиот Син, нé очистува од секаков грев."*

Ова значи дека вие имате општење со Бога само кога ќе се ослободите од гревовите и делувате во светлина. Доколку кажете дека имате општење со Бога додека сеуште делувате и живеете во темнина, тоа е лага.

Да се има општење со Бога значи да се има духовно и искрено општење, не само постоење на безбожно општење знаејќи го Него само со знаењето во вашата глава. Вие самите мора да бидете светлина со цел да имате општење со Бога бидејќи Тој е светлина. Светиот Дух, срцето на Бога, ве подучува на волјата Божја на јасен начин до степен на ваше останување во вистината за да можете да имате подлабока комуникација со Бога кога го читате словото Божјо и се молите.

Доколку Чекорите во Темнината

Вие кажувате лага доколку тврдите дека имате општење со Бога но чекорите во темнината правејќи гревови. Тоа не е чекорење во вистината, и вие на крајот ќе тргнете по патот на смртта.

Во 1 Самуил 2, синовите на свештеникот Илиј чинеле зло и правеле гревови. Тој требало да ги казни, но Илиј само ги предупредувал, "Зошто правите такви нешта? Не треба да го правите тоа."

На крајот, гневот Божји се спуштил врз нив. Двата сина на свештеникот Илиј загинале во битка, а Илиј паднал наназад од неговата столица покрај портата; неговиот врат бил скршен и тој умрел. Гневот Божји се пренел и на неговите наследници исто така (1 Самуил 2:27-36, 4:11-22).

Затоа, како што се вели во Ефесјаните 5:11-13, *"Не учествувајте во бесплодните дела на темнината, туку изобличувајте ги; оти за она, што го прават нечестивите скришум, срамно е и да се зборува, а сé што е за изобличување, светлината го открива; бидејќи сé што е јавно, светлина е."*

Доколку има некој кој тврди дека општи со Бога но не чекори во светлината, вие треба да го посоветувате со љубов. Доколку тој сеуште не се доближува до светлината, вие треба да го прекорите да го упатите кон светлината за да не тргне по патот на смртта.

Прошка преку Чекорењето во Светлината

Постои закон во овој свет и кога некој го прекршува, истиот ќе биде казнет според мерката одредена за тоа дело. Сепак, таквиот не може да си помогне да не се чувствува виновен според неговата совест бидејќи штетата веќе е нанесена дури и ако платил за она што го сторил погрешно и бил казнет.

Исто така, вие сеуште ќе ја имате грешната природа во вашето срце дури и ако го прифатите Исус Христос, вашите гревови се простени и вие сте прогласени за праведен. Затоа, Бог ви наредува да го обрежете вашето срце за да не се чувствувате виновни ниту во вашата совест.

Како што се вели во Јеремија 4:4, *"Обрежете се заради ГОСПОДА и симнете го крајчето од срцето свое, мажи Јудини и Ерусалимски жители, за да не се јави Мојот гнев како оган и да не пламне неизгасливо, поради вашите лоши наклоности,"* обрежувањето на срцето значи отсекување на крајче од вашето срце.

Отсекувањето на крајче од вашето срце значи да ги следите нештата што Господ ги кажува во Библијата како што се, "Правете," "Не правете," "Придржувајте се," или "Отфрлете." Со други зборови, тоа значи да се отфрли се што е против словото Божјо како што е невистината, злото, неправдата, беззаконието, и темнината чистејќи ги вашите срца и исполнувајќи ги истите со вистината.

Затоа, вие мора посветено да го претворите словото Божјо во ваша храна, да ги апсорбирате хранливите материи преку дејствување според истото, и да го исфрлите отпадот од зло и невистина што припаѓаат на темнината. Кога ќе го обрежете вашето срце, вие можете духовно да израснете.

Кога ќе станете духовен и вистинољубив човек кој го исфрла злото и гревот како отпад, вие имате општење со

Бога. Тогаш, крвта на Исус Христос може да ги исчисти вашите гревови бидејќи го имате ова општење.

Затоа, вие треба не само да го прифатите Исус Христос и да се прогласите за праведен, туку исто така да се претворите во вистински праведен човек преку јадењето на телото, пиењето на крвта на Синот Човечки, и со обрежување на вашето срце.

Верата со Дела е Вистинската Вера

На ваше изненадување, може да видите многу луѓе кои не го разбираат правилно значењето на верата. Некои велат, "Зошто вие не одите во црква? Вие сеуште може да бидете спасени."

Ако го слушате словото Божјо и го знаете, но не дејствувате во склад со него, тоа е само верба како вид на знаење во вашата глава, не е вистинската верба. На овој начин, вие не можете да бидете спасени. Која е вербата што Бог ја препознава? Како можете да бидете спасени според верба?

Вистинското Покајување Бара Оттргнување од Гревовите

1 Јован 1:8-9 вели дека *"Ако кажеме дека немаме грев, се лажеме сами себе, и вистината не е во нас. Ако ги исповедаме гревовите свои, Он е верен и праведен за да ни*

ги прости гревовите и да né очисти од секаква неправда."

Што, тогаш, значи да ги признаете вашите гревови?

Да претпоставиме дека Господ ви кажува, "Одењето на исток е патот кон вечниот живот и моја волја, затоа одете на исток." Сепак, доколку вие само продолжите да одите на запад и велите, "Боже, треба да одам на исток, но одам на запад, па те молам прости ми," не е признавање на гревот. Ова не е верување во Бога или боење од Него, туку во поголема мерка претставува Негово исмевање. Вистинското покајување се врши не само со исповедање на вашите гревови со усните туку исто така со потполно оттргнување од вашите гревови во вашите дела. Само тогаш Господ го прифаќа тоа како покајување и ви доделува прошка.

Како што ќе умрете доколку не јадете некаква храна иако знаете дека мора да јадете за да останете во живот, вие не сте исчистени преку крвта на Бога доколку само ги признаете вашите гревови со усните а не се оттргнете од нив.

Верата без Дела е Мртва Вера

Во Јаков 2:22, се вели, *"Гледаш ли дека верата им помогна на делата негови, и дека преку делата верата стана совршена."* Стихот 26 понатака продолжува: *"Оти како што е телото без дух мртво, така и верата без дела е мртва."*

Многу луѓе одат во црква бидејќи слушнале дека постои рај и пекол. Сепак, бидејќи тие навистина не веруваат во овој податок во нивните срца, нема пропратни дела.

Ова е само верба како знаење и мртва вера.

Како дополнение, доколку се исповедате со усните дека верувате додека сеуште живеете во грев, како може да кажете дека имате верба? Библијата ви кажува дека гревот сторен со знаење е полош од гревот сторен без знаење.

Кога ќе се исповедате, "Јас верувам" без дела, може да помислите дека имате верба но Господ не ја признава истата како вистинска вера.

Израелците кои излегле од Египет доживеале многу дела Божји. Господ го раздвоил Црвеното Море, им давал мана и потполошки, и ги заштитувал со столб од облак дење и со столб од оган ноќе.

Сепак, кога Господ им наредил да ја разгледаат земјата Кананска, само Иисус и Халев поверувале во словото и силата Божја. Како резултат оние Израелци кои не го послушале Бога бидејќи немале доволно силна вера да зачекорат во земјата Хананска, доживеале четириесет години на страдања во дивината и најпосле умреле таму.

Вие мора да сфатите дека е бескорисно ако не верувате или дејствувате според словото Божјо дури и ако посведочите и доживеете толку многу дела Божји. Верата е потполна со дела.

Единствено Оние што го Исполнуваат Законот се Праведни

Господ ни кажува во Римјани 2:13 *"Бидејќи пред Бога не се праведни оние, што го слушаат Законот, а ќе бидат оправдани само оние, што го исполнуваат Законот.”*

Вие не сте праведни само со тоа што присуствувате на службата и ги слушате пораките. Вие сте праведни само кога вашето невистинито срце се менува во вистинито срце низ дејствување во склад со Словото Божјо.

Некои велат дека вие може да бидете спасени само со повикувањето по Исуса Христа "Господе" со вашите усни погрешно толкувајќи го Римјани 10:13, *“Бидејќи, секој, кој го призове името Господово, ќе се спаси.”* Сепак, тоа е потполно погрешно. Како што се вели во Исаија 34:16, *“Најдете во книгата ГОСПОДОВА и прочитајте; ниедно од тие нема да одмине, едно со друго нема да се замени. Оти самата Негова уста заповеда, самиот Дух Негов ќе ги собере,”* словото Божјо има свое соодветство и станува совршено единствено кога ќе се протолкува со она што му е соодветно.

Римјани 10:9-10 вели, *“Оти, ако со устата Го исповедаш Господа Исуса, и со срцето свое поверуваш дека Бог Го воскресна од мртвите, ќе се спасиш; бидејќи со срцето се верува за оправдание, а со устата се исповеда за спасение.”*

Само оние кои навистина веруваат во нивните срца дека Исус воскреснал може да го направат нивното признание со усните вистинито бидејќи тие живеат според Словото Божјо. Тие ќе бидат спасени кога ќе се исповедаат со оваа вистинска верба и ќе станат праведни во поголем степен, но оние кои нема да се исповедаат со оваа верба не може да бидат спасени.

Затоа Исус кажува во Матеј 13:49-50, *"Така ќе биде и при свршетокот на светот; ќе излезат ангелите и ќе ги одделат лошите од праведните, и ќе ги фрлат во вжарена печка; таму ќе биде плач и крцкање со заби."*

Тука, "праведни" се однесува на сите оние кои го признаваат Бога и тврдат дека имаат верба. "Отстранувањето на грешните од праведните" значи дека оние кои не дејствуваат според словото Божјо не може да бидат спасени дури и ако посетуваат црква и водат Христијански животи.

Господ Навистина Сака Обрезување на Срцето

Господ сака Неговите деца да бидат свети и совршени. Поради тоа Тој ни кажува во 1 Петар 1:15, *"Но по примерот на Светецот, Кој ве повика, и вие самите бидете светци во сите ваши постапки"* и во Матеј 5:48, *"Но бидете совршени, како што е совршен вашиот Отец небесен."*

Во времето на Стариот Завет, луѓето беа спасени преку дела, како прикажување на она што треба да се случи, но во времето на Новиот Завет кога Исус Христос го исполнил законот со љубов, вие сте спасени со верба.

"Да се биде спасен според одредбите на Законот" значи дека дури и ако имате, на пример, нечисто срце да убиете, мразите, направите прељуба, лажете, итн, тоа не се смета за грев освен ако не е спроведено во дејство.

Господ не ги осудуваше луѓето освен ако тие не извршуваа грешни дела бидејќи тие не можеа самите да ги отфрлат нивните гревови без Светиот Дух за време на Стариот Завет. Сепак, од времето на Новиот Завет, вие сте спасени единствено кога ќе го обрежете вашето срце во вера со помошта на Светиот Дух, бидејќи Светиот Дух слегол на вас. Светиот Дух прави да бидете свесни за разликата помеѓу гревот и праведноста, и за Судот и ве оспособува да живеете во склад со Словото Божјо. Затоа, можете да се ослободите од невистината и да го обрежете вашето срце со помош на Светиот Дух.

Вие мора да сфатите дека Господ навистина бара од вас да го обрежете вашето срце, да се ослободите од гревовите, да бидете свети, и да учествувате во божествената природа. Апостолот Павле ја знаел оваа волја на Бога и подучувал за обрежување на срцето, а не на телото (Римјани 2:28-29). Тој ве советувал да пружите отпор до степен на пролевање на вашата крв во вашата битка против гревот со вашите очи фокусирани на Исус, усовршувачот на вашата верба (Евреи 12:1-4).

Се надевам дека вие може да имате вистинска верба пропратена со дела сфаќајќи дека не можете да влезете во рајот само со извикување "Господе, Господе" туку само со чекорење во светлина и обрежување на вашето срце.

Глава 9

Да се Биде Роден од Вода и Дух

- Никодим Дојде кај Исус
- Исус му Помогна на Никодим
  во Духовното Разбирање
- Кога си Роден од Вода и Дух
- Три сведоци: Духот,
  Водата и Крвта

Меѓу фарисеите беше еден човек по име Никодим, кнез јудејски. Тој дојде при Исуса ноќно време и Му рече: "Рави! Знаеме дека си Ти учител, дојден од Бога, зашто никој не може да ги прави овие чудеса, што ги правиш Ти, ако не е со него Бог. Му одговори Исус и рече: Вистина, вистина ти велам: ако некој не се роди одозгора, не може да го види царството Божјо. Никодим Му рече: Како може човек да се роди, кога е стар? Зар може по втор пат да влезе во утробата на мајка си и да се роди? А Исус му одговори: Вистина, вистина ти велам: ако некој не се роди од вода и Дух, не може да влезе во царството Божјо."

Јован 3:1-5

Бог го испрати Исус Христос, Неговиот еден и единствен Син, и го отвори патот на спасението. Кој ќе го прифати него се стекнува со правото да стане чедо Божјо и да ужива во благословен и вечен живот сега и засекогаш. Сепак, во денешно време гледате дека многу луѓе ја немаат оваа убеденост за спасение дури и ако го примиле Исуса Христа. Исто така некои луѓе тврдат дека имаат добиено спасение, но им недостасува верба да бидат спасени, или некои други тврдат дека се спасени бидејќи еднаш го примиле Светиот Дух , но потоа воопшто не водат сметка за делата што ги чинат.

Сега да ја заклучиме пораката на крстот, да разјасниме како да се дојде до совршено спасение, од моментот кога ќе го примите Исуса Христа, преку приказната за Никодим.

Никодим Дојде кај Исус

Во времето на Исус, Фарисеите високо го почитувале Законот на Мојсеј и се придржувале на традицијата на старешините. Тие беа религиозни водачи помеѓу избраните Израелци кои веруваа во врховната власт на Бога, воскресението, ангели, Судниот Ден, и во Месијата што ќе дојде.

Сепак, Исус постојано ги прекорувал, велејќи, "Тешко вам, Фарисеи." Тие, како лицемери, однадвор им се покажувале на луѓето како праведни, но внатре биле полни со грабеж и неправда како варосани гробови (Матеј 23:25-36).

Никодим Имаше Добро Срце

Никодим беше еден од Фарисеите кои беа членови на Еврејскиот Раководен Совет наречен Синедрион.Сепак, тој не го прогонуваше Исус, како што тоа го правеа другите Фарисеи. Наместо тоа, тој веруваше дека Исус доаѓа од Бога, гледајќи ги чудата и знаците што ги вршеше Исус. Никодим сакаше да знае кој е Исус бидејќи тој имаше добро срце.

Во Јован 7:51, Никодим ги прашува Фарисеите кои што сакале да го заробат Исус, бранејќи го Него, *"Осудува ли нашиот Закон човек, дури најнапред не го сослушаат и не узнаат што прави?"*

Најверојатно не било лесно да се зборува на таков начин како член на Синедрионот во тоа време. Дури и сега ако некоја влада го прогласи за илегално или го забрани Христијанството со закон, официјалните претставници на истата не може да стојат на страната на Христијанството. На истиот начин, во тоа време Израелците ги сметале сите други религии со исклучок на Јудеизмот како лажни. Никодим знаел дека може да биде екскомунициран доколку застане на страната на Исус.

Сепак, Никодим го бранел Исус. Тоа докажува дека тој бил вистинољубив и дека стоел цврсто со верба во Исус.

Јован 19:39-40 портретира сцена непосредно по смртта на Исус на крстот:

А дојде и Никодим, кој порано беше отишол ноќе при Исуса, и донесе околу сто литри смес од смирна и алој. Го зедоа телото Исусово и го завиткаа во платно со мирисите, како што е обичај кај Јудејците да погребуваат.

Затоа, Никодим верувал дека Исус е Божји човек, му служел на Исус непроменливо дури и по Неговото распнување, и се стекнал со спасение и верба во Неговото воскресение.

Никодим Дојде кај Исус

Во Јован 3, има дијалог помеѓу Исус и Никодим пред тој да ја разбере вистината во духот.

Една ноќ Никодим дојде кај Исус, и изјави, *"Тој дојде при Исуса ноќно време и Му рече, 'Рави! Знаеме дека си Ти учител, дојден од Бога; зашто никој не може да ги прави овие чудеса, што Ги правиш Ти, ако не е со Него Бог'"* (с. 2.)

Никодим отпрво не знаеше дека Исус е Месија и Син Божји. Сепак, откако тој ги посведочи чудата на Исус, Никодим сфати и изјави дека Исус е човек Божји бидејќи тој имаше добра совест. Преку неговата добра совест, тој знаеше дека единствено Семоќниот Бог може да ги крене мртвите, да направи слепите да прогледаат, да овозможи куците да стојат, и да ги оздрави лепрозните.

Тогаш, зошто тој дојде кај Исус ноќе? Тој беше како оние луѓе што не сакаат да присуствуваат во црква јавно бидејќи тие немаат доверба во Бога Создателот.

Иако Никодим имаше добро срце, тој немаше вистинска верба. Тој немаше доверба во Исус како Син Божји и Месија, па затоа не го посети Исус во текот на денот јавно – тој го направи тоа ноќе.

Исус му Помогна на Никодим во Духовното Разбирање

Исус му рече на Никодим, *"Му одговори Исус и рече, 'Вистина, вистина ти велам, ако некој не се роди одозгора, не може да го види царството Божјо.'"* (Јован 3:3).

Сепак, Никодим ова воопшто не можеше да го разбере. Тогаш тој повторно праша, "Како може човек да се роди кога е стар?" Тој немаше духовна верба, па се прашуваше, "Стариот човек умира и се враќа во земја, и тогаш како тој може повторно да биде роден?"

Тогаш Исус му кажа нему за раѓањето од вода и од Дух: *"Вистина, вистина ти велам, ако некој не се роди од вода и Дух, не може да влезе во Царството Божјо; зашто, роденото од тело, тело е, а роденото од Дух, дух е."*

(с.5-6).

Кога Никодим беше љубопитен за тоа што Исус го кажа, Исус го објасни истото во парабола: *"Ветрот дува каде што сака и гласот негов го слушаш, но не знаеш од каде иде и на каде оди; така е со секој човек роден од Дух."* (с.8).

По непослушноста на Адам, духот на секој човек умрел и секој по него бил предодреден да умре. Сепак, човечкиот дух оживува откако е роден од Светиот Дух. Како што тој станува духовен, тој си го враќа образот Божји и е спасен. Сепак, Никодим не сфатил што мисли Исус (с.9).

Па тој прашал, "Како може ова да биде?" Исус одговорил:

> *Кога за земни работи ви зборував и не верувавте, како ќе поверувате, ако би ви говорел за небесните? Никој не се искачи на небото, освен Синот Човечки, кој слезе од небото и кој пребива на небото. И како што Мојсеј ја подигна змијата во пустината, така треба да се издигне и Синот Човечки; та секој што верува во Него, да не загине, но да има живот вечен.* (с.12-15).

Во Броеви 21:4-9, Израелците кои излегоа од Египет говореа против Мојсеј бидејќи нивното патување до Земјата Хананска стануваше се потешко да се издржи. Тогаш Господ го сврти Неговото лице од нив и испратил отровни змии што ги касале луѓето.

Како што тие повикувале на помош, Господ му кажал на Мојсеј да направи бронзена змија и да ја закачи на стап.

Господ го спасил секого што погледнал во неа, но тврдоглавите луѓе умреле бидејќи тие не се ни замарале да погледнат во нивното неверување.

Да се Разбере Словото Божјо Духовно

Зошто Господ заповедал да се направи бронзена змија и да се стави на стап? Од Битие 3:14 знаеме дека змијата беше проколната. Како дополнение Галатјани 3:13 вели, *"Секој да е проклет што виси на дрво!"*

Затоа, ставањето на бронзена змија на крст симболизира дека Исус ќе биде ставен на дрвен крст како проколната змија да ве искупи. Како дополнение, исто како што секој што погледнал во бронзената змија преживеал, кој и да верува во Исус Христос е спасен.

Никодим не можел да го разбере значењето на словото Божјо бидејќи тој сеуште не бил роден од вода и Дух, и неговите духовни очи сеште не биле отворени.

Дури и денес, освен ако не сте родени од вода и Дух и духовните очи ви се отворени, вие не можете да го разберете значењето на духовната порака бидејќи вие можете буквално да ја прифатите и погрешно да ја разберете.

Вие мора да се молите предано со цел да го разберете духовното значење на словото Божјо преку вдахновението на Светиот Дух. Тогаш Бог на милоста ќе го отвори вашето срце, и вие ќе може да го разберете словото Божјо и да имате вистинска верба.

Кога си Роден од Вода и Дух

Исус му кажал на Никодим кога го посетил ноќе, *"Вистина, вистина ти велам, ако некој не се роди од вода и Дух, не може да влезе во Царството Божјо; зашто, роденото од тело, тело е, а роденото од Дух, дух е."* (Јован 3:5-6).

Да расчистиме за значењето да се биде роден од вода и Дух. Како можете повторно да бидете родени со вода и Дух и да се здобиете со спасение?

Водата ја Симболизира Водата на Вечниот Живот

Водата ја гаси вашата жед и ги омекнува внатрешните органи на телото. Таа исто така го чисти вашето тело и од надвор и од внатре.

Затоа Исус ја споредува водата на вечниот живот со водата за да објасни дека таа ве прочистува и ви дава живот.

Исус ни кажува во Јован 4:14, *"А кој пие од водата, што ќе му ја дадам Јас, нема никогаш да ожедни; таа во него ќе стане извор на вода, што ќе тече во живот вечен."*

Доколку пиете вода, вие не сте жедни извесно време, но сепак повторно ожеднувате. Водата во ова писмо значи вечна вода. Кој и да ја пие водата што Исус му ја дава никогаш повеќе нема да биде жеден. Имено, "изворот на вода што тече во живот вечен" ви дава живот.

Јован 6:54-55 пишува, *"Кој го јаде Моето тело и ја пие*

Мојата крв има живот вечен, и Јас ќе го воскреснам во последниот ден. Зашто Моето тело е вистинска храна, и Мојата крв – вистинско питие.” Со други зборови, телото на Исус и Неговата крв се вечната вода.

Уште повеќе, Неговото "тело" се однесува на словото во Библијата бидејќи Исус е Словото кое дошло на овој свет во тело. Јадењето на Неговото тело се однесува на придржување кон Неговото слово во вашиот ум преку читање на Библијата.

Крвта на Исус е живот, а животот е вистината. Вистината е Христос, а Христос е силата Божја. Сите овие се крвта на Исус. Бидејќи силата Божја надоаѓа во верба, пиењето на крвта на Исус значи да се почитува Неговото слово преку верба.

Вие научивте дека водата духовно го симболизира Исусовото тело – што е словото Божјо и Јагнето Божјо. На оној начин на кој што водата го чисти вашето тело, словото Божјо ги измива нечистите нешта надвор од вашето срце.

Поради ова вие сте крстени со вода во црква, а крштевањето симболизира дека вие сте чедо Божјо и дека ви се простени вашите гревови. Понатаму, тоа значи дека вие треба да го проучувате словото Божјо и да бидете прочистувани од него секојдневно.

Роден Повторно Со Вода

Како, тогаш, можете да ја исчистите нечистотијата од вашето срце со словото Божјо што е вечна вода?

Има четири вида на заповеди што Бог ни ги дава "Прави," "Не прави," "Придржувај се," и "Отфрли." На пример, Господ ви кажува да не правите такви нешта како што се завист, омраза, осудување други, кражби, прељуба и убиство.

На истиот начин, не треба да правите што е забането и во исто време, треба да ги отфрлите сите видови на зли нешта. Вие исто така треба да ја посветувате неделата на Господа, да го проповедате евангелието, да се молите и да се сакате еден со друг. Вашето срце тогаш постепено ќе се исполнува со вистина со помош на Светиот Дух, а словото на Бога ќе ја измие вашата неправда или грев. На овој начин, вашето срце ќе биде обрежано и променето во вистина преку дејствувањето во согласност со словото Божјо, и ова значи "да се биде роден од вода."

Затоа, со цел да се здобиете со целосно спасение, вие не треба само да го прифатите Исус, туку исто така да го обрежете вашето срце со почитување на словото Божјо во секој миг од вашиот живот.

Повторно Роден Со Духот

За да примите спасение, вие треба да бидете родени од вода и од Дух исто така. Како можете да бидете родени од Дух? Во Делата на Светите Апостоли 19:2, апостолот Павле прашува некои ученици, *"Кога поверувавте, примивте ли Дух Свети?"* Што е да се прими Светиот Дух?

Првиот човек Адам беше сочинет од "дух," "душа," и "тело" (1 Солуњаните 5:23), но неговиот дух умре како резултат на непослушноста. Тогаш тој стана суштество што не е подобро од животно сочинето од душа и тело (Еклизијаст 3:18).

Доколку се покаете за вашите гревови, признавајќи дека вие сте грешни, Господ ви го дава Светиот Дух како подарок и како симбол дека вие сте Негово чедо (Дела на Светите Апостоли 2: 38).

Сите чеда Божји, кои го примаат Светиот Дух, се способни да разликуваат помеѓу добро и зло преку словото Божјо и да живеат во склад со словото на Бога со моќта и силата од небесата низ нивните искрени и постојани молитви.

На овој начин, вие се менувате во вистина и имате духовна верба до степен да му дадете живот и да родите дух преку Светиот Дух. Во Јован 3:6 се вели, *"Зашто, роденото од тело, тело е; а роденото од Дух, дух е,"* и Јован 6:63 забележува, *"Духот е тој што оживува; телото ништо не помага; зборовите што ви ги кажав се дух и живот."*

Да се Стане Човек на Духот Следејќи го Светиот Дух

Кога сте родени од вода и Свет Дух, вие се здобивате со жителство на небесата (Филипјани 3:20). Како чедо Божјо, вие присуствувате на богослужбите, го славите Него со радост, и настојувате да живеете во светлина.

Пред да го примите Светиот Дух, вие живеевте во темнина бидејќи не ја знаевте вистината. Сепак, откако го примивте Светиот Дух, се обидувате да живеете во светлина.

Како поминува времето, откривате дека додека имате радост во вашето срце, постојано имате внатрешна борба. Тоа е така бидејќи законот на Духот што ги следи желбите на Светиот Дух се бори против законот на грешната природа што ги следи похотта на телото, желбата во очите, и гордоста на животот (1 Јован 2:16).

Апостолот Павле зборувал за оваа борба: *"Бидејќи со својот внатрешен човек наоѓам наслада во законот Божји, но во органите свои гледам друг закон, кој војува против законот на мојот ум и ме прави заробеник на гревовниот закон кој е во моите органи. Беден човек сум! Кој ќе ме избави од телото на оваа смрт?"* (Римјани 7:22-24)

Кога сте родени од вода и Дух, вие само што станавте чедо Божјо. Тоа не значи дека вие сте духовно совршена личност.

Поради тоа Галатјаните 5:16-17 ни кажуваат, *"Ви велам: живејте по духот, и желбите на телото ваше нема да ги извршувате. Оти, телото сака противни работи на духот, а Духот противни на телото; тие се еден против друг, за да не го правите она, што сакате."*

Со цел да го следите Светиот Дух, вие треба да живеете според словото Божјо и да ја исполнувате волјата што е прифатлива за и го задоволува Бога. Затоа, ако ги следите желбите на духот, вие нема да бидете искушувани и ќе бидете способни да го покорите непријателот ѓавол и Сатаната кои ве искушуваат да ги следите желбите на грешната природа. Вие можете да живеете според вистината и верно да се посветите себеси на царството Божјо и Неговата праведност.

Кога ги следите желбите на Светиот Дух, вие сте исполнети со радост и мир. Сепак, вие ќе се чувствувате мизерно и оптоварено кога ќе ги следите желбите на грешната природа.

Како што созрева вашата верба, вие можете да ги отфрлите вашите гревови и да ги следите желбите на Светиот Дух во сите нешта. Желбите во вас што сакаат да ја следат грешната природа ќе исчезнат. Дополнително, вие нема да имате потреба да се борите да ги отфрлите гревовите и повторно да се чувствувате мизерно. Вие можете да бидете секогаш радосни под сите околности.

Господ е задоволен со оние кои живеат според желбите на Духот. Тој им ги дава желбите на нивните срца како што ни ветува во Псалм 37:4, *"Утешувај се со Господа и Он ќе ти даде срцето твое што ќе посака."*

Ако го промените вашето срце во такво кое што е исполнето само со вистина, Господ ќе биде многу задоволен со вас и ќе направи се да е возможно за вас. Се надевам дека вие ќе бидете родени од вода и Дух, и ќе живеете во согласност со желбите на Духот.

Три Сведоци: Духот, Водата и Крвта

Како што веќе објаснив, треба да бидете родени од вода и од Дух за да бидете спасени. Сепак, да примите целосно спасение, вие мора да бидете прочистени од гревовите со крвта на Исус со чекорење во светлината.

Ако вашето срце не е прочистено, вие сеуште имате гревови. Затоа, вам ви е потребна крвта на Исус Христос за да бидете прочистени од заостанатите гревови.

За ова, 1 Јован 5:5-8 ни го кажува следното:

Кој го победува светот, ако не оној, кој верува дека Исус е Син Божји? Исус Христос е Оној, Кој дојде преку вода и крв и преку Духот, - не само преку вода, туку преку вода и крв; и Духот е Оној, Кој сведочи, оти духот е вистина. Зашто Тројца се, кои сведочат на небото: Отецот, Синот и Светиот Дух; и Тројцата се едно. И Тројца се, Кои сведочат на земјата: Духот, водата и крвта; и Тројцата сведочат заедно.

Исус Дојде Преку Вода и Крв

Јован 1:1 пишува дека *"Бог беше Словото"* и Јован 1:14, *"И Словото стана тело, и се всели во нас, полно со благодат и вистина; и ние ја видовме Неговата слава, слава како на единороден од Отецот."* Односно, Исус, единствениот Син Божји и самото Слово Божјо, дојде на земјата во тело да ви ги прости вашите гревови. Дури и денес, Тој продолжува да не прочистува со Словото Божјо - Библијата.

Сепак, вие не можете да живеете според словото Божјо без помошта на Светиот Дух. Невозможно е да се отфрлат гревовите со вашата сопствена сила. Вие треба да ја примите помошта на Светиот Дух преку искрена молитва за да можете да ги отстраните страстите н грешната природа, желбата во вашите очи и гордоста на животот. Само тогаш вие можете да ја истерате темнината на невистината од вашето срце.

Како дополнение, потребно е пролевање на крв за да ви биде простено. Во Евреи 9:22 се вели следново *"И скоро се според Законот, со крв се очисти, и без проливање крв, проштевање не станува."* Вам ви е потребна Исусовата крв бидејќи единствено Неговата безгрешна и непорочна крв ви дава прошка.

Вие мора да верувате во Исус кој дојде во вода и крв, и да го примите Светиот Дух како подарок од Бога за да се здобиете со спасение, за што ви се потребни следниве три нешта: Духот, водата и крвта.

Доколку нема пролевање крв, нема проштевање и вие сте сеуште во грев. Вам не ви е потребно само словото – водата – да бидете исчистени, туку исто така Светиот Дух да ви помогне да живеете потполно во склад со тоа Слово. Значи овие три нешта се во усогласеност.

Затоа, ние треба, откако ќе ни бидат простени нашите гревови со прифаќањето на Исус Христос, да продолжиме да се раѓаме од вода и Дух со цел да се здобиеме со целосно спасение, разбирајќи го фактот дека трите нешта Духот, водата и крвта заедно не спасуваат и не водат на небесата.

Глава 10

Што е Ерес?

- Библиска Дефиниција на Ерес
- Духот на Вистината и Духот
  на Заблудата

А во народот имаше и лажни пророци, како што и меѓу вас ќе има лажни учители, кои што ќе внесат погубни ереси и, откако се одречат од Господа, Кој ги откупил, ќе навлечат врз себеси брза погибел. И мнозина ќе појдат по нивните нечистотии, и поради нив патот на вистината ќе биде похулен. И, подбудувајќи ве од користољубивост, ќе ве привлекуваат со ласкави зборови; но нивното осудување е одамна готово, и нивната погибел не дреме.

2 Петар 2:1-3

Како што се развивала цивилизацијата на материјализмот, луѓето почнале да го негираат Бога бидејќи тие зависеле од нивната мудрост и знаење. Како што се рашириле гревовите, духовите на луѓето станале потемнети и луѓето станале корумпирани. Затоа, многу луѓе се заблудени од лаги бидејќи не можат да направат разлика помеѓу она што е вистина и што е грешно. Тие исто така прават грешка при судењето на други луѓе врз основа на нивните сопствени правични знаења и теории

Во Матеј 12:22-32, Исус излекувал човек опседнат од демон кој бил слеп и нем. Сепак, кога Фарисеите слушнале за ова, рекле, *"Он не ги истерува бесовите по друг начин освен преку Велзевула, началникот на ѓаволите."* (с. 24). Тие сметаа дека Божјото дело е извршено од демон.

Исус им рече во Матеј 12:31-32, *"Затоа ви велам, секој грев и хула ќе им се прости на луѓето, но хулата против Светиот Дух нема да им се прости на луѓето. И, ако некој каже збор против Синот Човечки, ќе му се прости; но, ако каже нешто против Светиот Дух, нема да му се прости ни на овој ни на оној свет."*

Фарисеите заклучиле дека она што Исус го направил со силата Божја било дело на демон. Ова е богохулство да се негира Светиот Дух. На овие Фарисеи, затоа, не е можно да им биде простено.

Доколку јасно правите разлика помеѓу вистина и лага според Библијата, нема да им судите на други луѓе ниту ќе бидете заблудени од она што е грешно.

Да навлеземе подлабоко во "ерес" од гледна точка на Бога, како да направиме разлика помеѓу Духот Божји и оние злите, и некои еретички секти со кои треба да бидете претпазливи.

Библиска Дефиниција на Ерес

Оксфордскиот речник го дефинира "ересот" како "верување или мислење што е против начелата на одредена религија." Некои луѓе сметаат дека само она во што тие веруваат е вистина, сметајќи ги другите религии какоо еретични. На пример, за Будист, само Будизмот е вистинит и правилен пат. За нив друга религија како што е Конфучионизмот не е вистинита.

Павле, Обвинет како Водач на Еретичка Секта

Дела на Светите Апостоли 24:5 пишува *"Бидејќи најдовме дека овој човек е зараза и дека крева бунтови против сите Јудејци по вселената и дека е водач на Назарејската ерес."* Тука "Назарејската ерес" се однесува на "еретичка секта," и ова е прв пат кога зборот "ерес" се појавува во Библијата.

Евреите поднеле обвинување против Павле пред намесникот бидејќи тие мислеле дека евангелието кое Павле го проповеда беше еретичко. Павле ги побил обвинувањата и ја докажал неговата верба како што е забележано во Дела на Светите Апостоли 24:13-16.

Ниту, пак, тие можат да го докажат она што сега ти зборуваат за мене. Но ти признавам, дека според учењето, кое тие го наречуваат ерес, Му служам на Бога и на отците наши, дека верувам во се што е напишано во Законот и во Пророците, и дека се надевам на Бога, оти ќе има воскресение на мртвите, на праведните и на неправедните, кое и тие сами го очекуваат. А за тоа, и сам се грижам секогаш да имам чиста совест пред Бога и пред луѓето.

Беше ли Апостолот Павле Навистина Еретик?

Треба да ја погледнете дефиницијата за ерес во Библијата бидејќи Библијата е слово на Бога, единственото вистинско Суштество кое може да ја разликува вистината од лагата. Терминот кој има импликација на "еретичка секта" се појавува пет пати во Библијата. Сепак, дефиницијата на ересот е дискутирана само еднаш:

А во народот имаше и лажни пророци, како што и меѓу вас ќе има лажни учители, кои што ќе внесат

погубни ереси и, откако се одречат од Господа, Кој
ги откупил ќе навлечат врз себеси брза погибел. (2
Петар 2:1).

"Господ Кој ги откупил" се однесува на Исус Христос.
Човекот оригинално му припаѓа на Бога и живее според
Неговата волја. По неговата непослушност, сепак, Адам
станал грешник кој му припаднал на ѓаволот. Сепак, Господ
се сожалил на луѓето кои биле на патеката на смртта. Господ
го испратил Исус, Неговиот единствен Син, како мировна
понада и дозволил Тој да биде распнат така што Тој можел да
го отвори патот на спасението преку Неговата крв.

Господ работеше за нас, кои еднаш сме му припаѓале на
ѓаволот, да ни бидат простени нашите гревови ако веруваме
во Исус Христос. Ние исто така примаме живот и повторно
му припаѓаме на Бога . Поради ова може да речеме дека Исус
не откупил со Неговото распнување, и Библијата ви кажува
дека Исус е "врховниот Владетел кој ги откупил."

Еретиците го Негираат Исус Христос

Сега знаете дека "еретичен" се однесува на "оние кои го
негираат Господа кој ги откупил, навлекувајќи врз себе брза
погибел" (2 Петар 2:1). Овој термин никогаш не бил
употребен додека Исус не ја завршил Неговата мисија како
Спасител. Името "Исус" значи "[оној кој] ќе го спаси
Неговиот народ од нивните гревови." "Христос" е
"Помазаниот." Исус станал Спасител само откако ја завршил

Неговата работа – да биде распнат и воскреснат.

Поради ова неможете да го најдете овој термин во Стариот Завет или во Евангелијата на Матеј, Марко, Лука, и Јован во кои е запишан Исусовиот живот. Дури и Фарисеите, учителите на Законот, и свештениците кои го прогонуваа Исус не го користеле тој термин. Ниту пак беше користен од првосвештеници.

Само откога Исус воскресна за да ја исполни Неговата мисија како Христос, "луѓето кои се одрекуваа Господа кој ги откупи" се појавија. И само тогаш, Библијата започна да не предупредува за овие еретици.

Затоа, ако луѓето веруваат во Исус Христос како "Господ кој ги откупи," тие не се еретици. Ако, сепак, го негираат тоа, тие се еретици.

Апостолот Павле не го негирал Исус Христос кој го откупи со Неговата скапоцена крв. Наместо тоа, Павле му заблагодаувал на Исус Христос за кого говореше каде и да одеше, и Павле беше прогонуван и мораше да плати висока цена. Пет пати, тој прими од Евреите четириесет удари минус еден. Еднаш беше каменуван. Беше затворен, прогонуван од незнабошците и неговите сонародници, и беше предаден од оние на кои им веруваше. И покрај сето ова, Павле станал човек со голема сила преку надминување на овие страдања со радост и благодарност, и го славеше Бога со исцелување на безброј луѓе во името на Исус Христос до денот кога умре со маченичка смрт.

Павле го Проповедал Евангелието Покажувајќи ја Силата на Бога

Треба да знаете дека силата на Бога не може да биде покажана од оние кои го негираат Бога Создателот и Исус Христос кој е во својата природа Бог бидејќи Библијата експлицитно вели, *"Еднаш Бог рече, а два пати јас го чув тоа, дека силата е во Бога."* (Псалм 62:11).

Не смеете да судите човек кој ја покажува Божјата сила бидејќи таа сила докажува дека Бог е со него и дека човекот го љуби Него силно. Во Галатјани 1:6-8, Павле, кој беше нарекуван водач на Назарејската ерес, строго предупредува да не се следи или проповеда поинакво евангелие од пораката на крстот:

Се чудам дека така брзо се одвратувате од Оној, Кој ве повика преку благодатта Христова, и преминувате кон друго благовестие; не затоа што има друго евангелие, но има такви, што ве смутуваат и сакаат да го изопачат благовестието Христово. Но дури и ние, или ангел од небото да ви благовестеше нешто друго од она, што би благовествевме ние, нека биде анатема!

Дури и денес, некои луѓе се сметаат за еретици, дури иако тие никогаш не го негирале Исус Христос туку само го проповедале евангелието на Христос и го прогласувале живиот Бог со покажување и делување со Неговата сила.

Немојте По Случаен Избор да ги Судите Другите како Еретици

Јас исто така сум страдал и доживеал низа прогонувања откако бев обвинет за ерес, бидејќи ја прикажував Божјата сила и мојата црква стануваше се поголема. Всушност, големината на конгрегацијата порасна во повеќе од 100,000 члена за помалку од три декади откако црквата беше основана во 1982 година.

Сум страдал од многу болести седум години, и бев излекуван од прв пат од силата на Бога. Тогаш се обидов да живеам за славата на Бога без разлика дали јадев или пиев на начинот на кој тоа го правеше Павле апостолот. Го ставив мојот живот во рацете на Бога и го насочив на "Само Исус, секогаш Исус."

Од времето кога бев мирјанин, се обидував да сведочам дека Господ ме излекува и да го проповедам евангелието. Откога бев наречен слуга Божји, ја проповедав пораката на крстот и го прогласував живиот Бог и Исус Спасителот. Дури и сведочев за Бога кога венчавав бидејќи со нетрпение сакав да воведам повеќе луѓе по патот на спасението.

Сфатив дека и моќното слово на Бога и доказите за живиот Бог беше неопходно да бидат посведочени од Бога на крајот на времето. Така се молев поусрдно, како што правеле прататковците на верата, да ја примам силата на Бога, и ги поминав сите тешкотии кои ми беа зададени со благодарност и радост.

Понекогаш тоа беа страдања слични на смрт. Сепак, како

што Исус ја примил славата на воскресение по Неговата безгрешна смрт, Господ ја зголемуваше мојата сила во склад со Неговата волја секогаш кога ќе ги надминев страдањата едно по едно.

Како резултат, секогаш кога сведочев зошто Господ е единствениот вистински Бог и зошто вие сте спасени кога верувате во Исус Христос низ целиот свет – во Кенија, Уганда, Хондурас, Јапонија, дури и во Пакистан кој е во голема мера муслимански и во Индија – државата каде што е доминантен Хиндуизмот – од 2000 година, десетици илјади луѓе се покајаа, слепите добија вид, немите проговорија, глувите почнаа да слушаат, и неизлечиви болести како СИДА и различни видови на рак беа излекувани. Овие чуда силно го прославија Бога.

Затоа, оние кои потполно разбираат што е ерес не ги осудуваат другите безобзирно како еретици. Во Дела на Светите Апостоли 5:33-42, читате за Гамалиил, учителот на законот, кој беше почитуван од сиот народ. Како се однесуваше тој?

Во тоа време, Фарисеите од Синедрионот им забранија на Петар и на Јован да сведочат за Исус Христос, но тие беа полни со Светиот Дух и не го почитуваа советот. Затоа, членовите на Синедрионот сакаа да ги убијат апостолите. Сепак, Гамалиил стана во Синедрионот и нареди луѓето да бидат пуштени надвор за кратко. Тогаш Тој им се обрати:

Луѓе Израилци, помислете си добро што ќе правите со овие луѓе! Зашто, пред извесно време се беше јавит Тевда, кој зборуваше за себеси, дека е тој нешто, и се присоединија кон него околу четиристотини души; тој беше убиен, и сите, што му поверуваа, се разотидоа и исчезнаа. По него, во време на пребројувањето, се јави Јуда Галилеецот и повлече по себе доста народ; но и тој загина и сите, што го последуваа, се растурија. И сега ви велам – оставете ги овие луѓе на мир, не гибајте ги; зашто, ако е таа замисла или тоа дело од луѓе, ќе се разруши; а ако е, пак, од Бога, вие не можете да го разрушите; внимавајте да не станете борци против Бога! (Дела на Светите Апостоли 5:35-39).

Како што го читате овој извадок, сфаќате дека ако чудотворните дела не беа од Бога, не ќе успееја дури и ако луѓето не преземеа дејствија да ги спречат. Сепак, дури и ако тие се спротивставеа или ги попречија делата кои се од Бога, тие немаше да бидат во можност да ги сопрат овие дела. Во спротивно, нивниот напор не е поинаков од борба против Бога и тие ќе бидат подложени на Неговата казна и судење.

Понекогаш луѓето им судат на другите како еретици поради разликите во толкувањето на Библијата, визии од Светиот Дух, па дури и за јазиците иако сите тие го признаваат Тројството и дека Исус Христос дошол во тело

Некои луѓе дури и велат дека не им се потребни јазиците или визиите, и дека таквите дела на Светиот Дух се грешни бидејќи нема запис дека Исус говорел на јазици или дека гледал визии. Сепак, Библијата вели дека овие се добри за нас:

А на секого му се дава во него да се појави Духот за полза; оти, на еден му се дава преку Духот збор на мудрост, на друг – збор на знаење, преку истиот Дух; на еден – вера, преку истиот Дух; на друг – дар за лекување, преку истиот Дух; на еден – да чини чуда, на друг - да пророкува, на еден – да ги разликува духовите, на друг – разни јазици, на трет – да толкува јазици. Сето ова го прави еден и ист Дух, распределувајќи секому поодделно, како што сака. (1 Коринтјани 12:7-11).

Како резултат на тоа, вие не треба да ги клеветите или да ги осудувате оние кои имаа различни видови на дар на Духот како еретици само бидејќи вие самите не сте ги искусиле .

Духот на Вистината и Духот на Заблудата

Во 2 Петар 2:1-3, има објаснување за ересот. Библијата ве предупредува за лажните пророци и учители кои тајно воведуваат деструктивни ереси. *"и мнозина ќе појдат по нивните нечистотии, и поради нив патот на вистината ќе биде похулен. И, подбудувајќи ве од користољубивост, ќе ве привлекуваат со ласкави зборови; но нивното осудување е одамна готово, и нивната погибел не дреме."*

(2 Петар 2:2-3).

Исто така во 1 Јован 4:1-3, се вели, *"Возљубени, не верувајте му на секој дух, туку испитувајте ги духовите: дали се од Бога, бидејќи многу лажни пророци се јавија во светот. По ова познавајте Го Божјиот Дух, и духот на лагата: секој дух, што признава дека Исус Христос дошол во плот, од Бога е. А секој дух, што не признава дека во плот дошол Исус Христос, не е од Бога; тоа е духот на антихристот, за кого сте слушнале дека иде, па и сега е веќе во светот."*

Испитувајте го Секој Дух Дали Е или Не Е од Бога

Има добри духови кои му припаѓаат на Бога кои ве водат до спасение додека исто така има зли духови кои ве мамат во уништување.

Од една страна, оној на кој му е даден Дух од Бога знае дека Исус Христос дошол во тело. Тој верува во Тројството – Господ Отецот, Исус Христос и Духот, па така тој е запечатен како чедо Божјо. Тој може да ја разбере вистината и да живее според вистината со помош на Духот.

Од друга страна, оној кој има дух на антихрист го оспорува Исус Христос со словото Божјо и го негира Неговото искупување. Вие треба да бидете внимателни и да бидете во можност да разликувате антихристи бидејќи антихристот често делува меѓу верниците со злоупотреба ва Словото Божјо.

Во секој случај, негирањето на Исус Христос не е

поинакво од борба против Бога кој го испратил Него на овој свет.

Библијата предупредува за антихрист во 2 Јован 1:7-8 како што следи:

> *Бидејќи во светот влегоа мнозина измамници, кои не исповедаат дека Исус Христос дошол во плот; таков човек е измамник, антихрист. Пазете се да не го изгубите она, за кое сте се труделе, туку да добиете полна награда.*

Во 1 Јован 2:19 има друго предупредување за нас:

> *Тие излегоа од нас, но не беа наши; бидејќи ако беа наши, ќе останеа со нас; но се јавија, за да се знае дека сите не се наши.*

Има два вида на антихристи: човек кој е опседнат од духот на антихрист и човек кој е заблуден од духот на антихристот. Тие двата се обидуваат да заблудат луѓе секаде каде што постои Светиот Дух. Тие ловат луѓе да му се спротивставуваат на словото Божјо и ги мамат преку нивните мисли. Луѓето чии мисли се темелно контролирани од духот на антихристот се нарекуваат "опседнати од демон."

Доколку на свештеник му е даден духот на антихристот, членовите на црквата продолжуваат да напредуваат по патот на уништувањето заробени од духот на антихристот.

Затоа, вие мора јасно да знаете за Духот на вистината и за

духот на заблудата со цел да не бидете измамени од духот на антихристот туку да живеете во склад со вистината и светлината.

Како да се Разликуваат Духовите

1 Јован 4:5-6 пишува, *"Тие се од светот, затоа и по светски зборуваат, а светот ги слуша. Ние сме од Бога. Кој Го познава Бога, нé слуша нас; кој не е од Бога, нас не нé слуша. По тоа и го познаваме Духот на вистината и духот на заблудата."*

Терминот "заблуда" се однесува на "лажна изјава која е невистинита." Духот на заблудата е световен дух кој ве мами да верувате во она што е невистина како да е вистина, и кој причинува вие да ги напуштите границите на верата. Имено, оној кој е од Бога го слуша словото на вистината, но оној кој му припаѓа на светот ги слуша световните говорења, не вистината. Затоа, лесно е да ги препознаете. Станува очигледно за вас дали е светлина или темнина доколку ја знаете вистината. Тогаш може да кажете, "Овој човек е во вистината, но тој човек е во темнината."

На пример, ако некој рече во недела, "Ајде да одиме на излет попладне. Да присуствуваме само на утринската служба. Не е ли тоа исто толку добро?" или ако тој се труди да го уништи Божјото царство правејќи зли трикови и сеуште тврди дека верува во Бога, тоа е дело на духот на заблудата.

Вие може да разберете многу нешта кои Бог слободно ви

ги дава ако го примите Духот на вистината кој е од Бога (1 Коринтјани 2:12). Поради тоа Светиот Дух живее во вас — скапоцено чедо Божје. Тој е Духот на вистината и ве води во сета вистина. Тој не зборува по Свое; Тој зборува само она што ќе слушне, и Тој ви кажува што ќе се случува понатаму.

Затоа, Исус вели во Јован 14:17, *"Духот на вистината, Кого светот не може да Го прими, оти не Го виде, ниту Го познава; а вие Го познавате, зашто во вас е и во вас ќе биде."* Јован 15:26 ни дава друг потсетник за Светиот Дух: *"А кога ќе дојде Утешителот, Кого што ќе ви Го испратам Јас од Отецот, Духот на вистината, Кој излегува од Отецот, Он ќе сведочи за Мене."*

Исто така во 1 Коринтјани 2:10 пишува, *"А нам, пак, ни го откри тоа Бог преку Својот Дух, зашто Духот испитува сé, па дури и длабините Божји."* Како што е напишано, Светиот Дух е единствениот кој целосно го знае и го согледува умот на Бога.

Како последица на тоа, оние кои го примаат Духот на вистината го слушаат словото на вистината и го почитуваат. Колку повеќе царството Божјо и Неговата праведност се раширени, толку повеќе тие се радуваат. Тие се полни со живот, копнеат по небесното царство.

Сепак, некои едноставно доаѓаат во црква без радост бидејќи тие не поседуваат верба генерирана од Бога. Тие сепак му припаѓаат на светот и повеќе сакаат световни нешта како што се пари и забава. Затоа, тие не можат да живеат во вистината, да копнеат за царството небесно, или да го љубат Бога безрезервно.

На крајот на краиштата, таквите луѓе го напуштаат Бога со духот на заблудата бидејќи тие му припаѓаат на светот и го немаат Духот на вистината. Исто така, ако некој клевети или озборува за другите браќа и сестри во верба или ги вознемирува другите во завист поради тоа што се верни на царството Божјо и Неговата праведност, тој не е од Духот на вистината.

Не дозволувајте Никој да ве Води по Погрешен Пат

1 Јован 3:7 не повикува како што следи: *"Чеда, никој да не ве измамува! Кој врши правда, праведен е, како што е праведен Он."* Вие не треба да се оттргнувате од словото на Бога за да не бидете заблудени од невистинското знаење бидејќи ништо освен словото Божјо не може да ве научи. Само тогаш, ќе примите потполно спасение, ќе бидете просперитетни во овој свет, и ќе уживате во вечниот живот во небесното царство.

Сепак, ѓаволот многу се труди да ги спречи Божјите чеда од тоа да живеат според Словото, и ве тера на компромиси со светот, ве одвраќа од Бога, прави да се сомневате во Него, и да го негирате Него. Во 1 Петар 5:8 се вели, *"Бидете трезвени, бидете будни, зашто вашиот противник, ѓаволот, обиколува како лав што рика, и бара некого да го проголта."*

Како тогаш можат непријателот ѓавол и Сатаната да ги измамат чедата Божји? Можете да го споредите ова со жена која е искушена од маж. Ако жената се грижи за себеси со милост и достоинство, и се однесува на пристоен начин, мажите нема да се осудат да ја искушуваат. Инаку, маж може лесно да ја искушува онаа која не се однесува пристојно. Исто така, непријателот ѓавол и Сатаната ќе пристапат на оној кој не стои цврсто во вистината и се сомнева во Бога. Ѓаволот ги искушува овие луѓе да се свртат од Бога и да го негираат Него и на крајот ги води по патот на смртта. Ева беше исто така искушена од ѓаволот бидејќи таа остана без соодветна одбрана преку извртувањето на Словото Божјо.

Секако, вие можете да се соочите со искушувања дури и ако немате вина. Тоа е бидејќи Господ сака да ве благослови, на начин кој можете да го видите преку искушувањето на Даниил кога бил фрлен во лавовска јама или искушувањето на Авраам на жртвување на неговиот син како жртва сепаленица.

Кога се соочувате со искушувања или со тешкотии бидејќи вие не сте стоеле цврсто на вистината, вие треба веднаш да се оттргнете од вашите гревови со каење, да ги отфрлите сите искушувања и судења со словото на Бога, и да се обидете најдобро што можете цврсто да застанете на карпата на вистината.

Стојте Цврсто во Вистината; Не бидете Измамени

Во 1 Тимотеј 4:1-2, авторот пишува, *"А Духот јасно зборува дека во последните времиња некои ќе отстапат од верата, слушајќи измамливи духови и ѓаволски учења, преку лицемерството на оние, што зборуваат лага и имаат жигосана совест."*

Ова се однесува на последните времиња во текот на кои некои луѓе кои што тврдат дека имаат верба ќе ја отфрлат нивната верба со следење лажни духови и нешта подучени од демони.

Измамените се лицемерни дури и ако нивните дела изгледаат верно и праведно. Тие се молат пред другите, и се обидуваат да бидат верни поради парите, не во благодарност на милоста Божја. Најпосле, тие се откажуваат од нивната верба и одат по патот на смртта бидејќи имаат жигосана совест и зборуваат лаги, живеат без вистината, и се препуштаат на световни забави.

Бог строго ве предупредува преку Библијата да не бидете заблудени. Исус не предупредува во Матеј 7:15-16: *"Пазете се од лажните пророци кои доаѓаат во овча кожа, а однатре се волци грабливи. По нивните плодови ќе ги познаете. Се бере ли грозје од трње, или смокви од чичка?"*

Нечии зборови и дела ги одразуваат неговите мисли и волја. Односно, вие сте во состојба да ги препознаете луѓето по нивниот плод. Ако некој има плод на злото како што е омраза, завист и љубомора наместо плодот на вистината, добрина, и праведност, тој е лажен пророк.

Многумина лажни пророци, антихристот, се веќе присутни на овој свет. Затоа, чедата Божји треба да имаат полно разбирање за ересот, и да прават разлика помеѓу духот на вистината и духот на заблудата.

Непријателот ѓаволот и Сатаната никогаш не ја

испуштаат можноста да ги измамат чедата Божји и да направат да грешат секогаш кога тие се двоумат околу вистината. Кога сте стабилни во вистината и ја почитувате, нема да бидете измамени од духот на заблудата, туку лесно ќе го поразите дури и ако ви пристапи.

Не смеете да признавате или да се придружите на ниедни други учења или да бидете заблудени од овие учења, кои се против вистината. Наместо тоа, почитувајте го словото Божјо и следете ги желбите на Светиот Дух за да можете да бидете храбри и непорочни при Второто Доаѓање на Нашиот Господ Исус Христос.

"Дојди, Господе, Исусе!"

Автор:
Д-р Церок Ли

Д-р Церок Ли е роден во Муан, Покраина Јеоннам, Република Кореа, во 1943 година. Кога имал дваесет години, Д-р Ли почнал да страда од разни неизлечиви болести и седум години ја исчекувал смртта без надеж за оздравување. Еден ден пролетта 1974 година, сепак, сестра му го однела во црква и кога клекнал долу да се моли, Живиот Бог веднаш го излекувал од сите негови болести.

Од моментот кога Д-р Ли го запознал Живиот Бог преку тоа прекрасно искуство, го засакал Бога со сето негово срце и искреност, и во 1978 година бил повикан да биде слуга Божји. Се молел предано за да може јасно да ја разбере волјата Божја, потполно да ја исполни и да ги почитува сите Слова Божји. Во 1982 година, ја основа Манмин Централната Црква во Сеул, Кореа, и безбројните дела Божји, вклучувајќи ги чудотворните излекувања и чуда, почнаа да се случуваа во неговата црква.

Во 1986, Д-р Ли беше ракоположен за свештеник на Годишното Собрание на Исусовата Сунгкјул Црква во Кореа, и четири години подоцна во 1990 година, неговите проповеди започнаа да се емитуваат во Австралија, Русија, Филипините, и многу други земји преку Радиодифузното друштво на Далечниот Исток, Азиската Станица за радиоемитување и Христијанскиот Радио Систем. во Вашингтон

Три години подоцна во 1993, Манмин Централната Црква беше избрана како една од "50 Надобри Цркви во Светот" од страна на магазинот *Христијански Свет* (САД), а тој се здоби со Почесен Докторат за Богословија од Колеџот Христијанска Верба, во Флорида, САД и во 1996 со докторат по Свештеничка Служба од Кингсвеј Теолошката Семинарија, Ајова, САД.

Од 1993 година, Д-р Ли го презеде водството на светската мисија на многу крстоносни походи во странство вклучувајќи ги Танзанија, Аргентина, Л.А., Градот Балтимор, Хаваи, Градот Њујорк во САД, Уганда, Јапонија, Пакистан, Кенија, Филипините, Хондурас, Индија, Русија, Германија, Перу, Демократска Република Конго, Израел и

Естонија. Неговиот крстоносен поход во Уганда беше емитуван на Си-Ен-Ен, а на Израелскиот крстоносен поход одржан во Меѓународниот Конвенциски Центар во Ерусалим, тој го прогласи Исус Христос за Месија. Во 2002 година беше наречен "свештеникот на светот" од главните Христијански весници во Кореа за неговата работа во различните Големи Обединети Крстоносни походи во странство.

Така во јули 2012 година, Манмин Централната Црква имаше конгрегација од повеќе од 100,000 члена. Има 10,000 локални и подрачни цркви во странство на целата земјина топка вклучувајќи 56 домашни цркви филијали во поголемите градови на Кореа, а досега се воспоставени повеќе од 129 Мисии во 23 земји, вклучувајќи ги Соединетите Држави, Русија, Германија, Канада, Јапонија, Кина, Франција, Индија, Кенија, и многу други.

До денот на ова издание, Д-р Ли има напишано 64 книги, вклучувајќи ги и бестселерите *Вкусување на Вечниот Живот пред Смртта, Мој Живот, Моја Верба I & II, Пораката на Крстот, Мерката на Верата, Рај I & II, Пекол,* и *Силата на Бога.* Неговите дела се преведени на повеќе од 74 јазици.

Неговите Христијански колумни се појавија во весниците *Ханкук Илбо, ЈоонгАнг Дејли, Донг-А Илбо, Мунхва Илбо, Сеул Шинмун, КјунгХуанг Шинмун, Ханхурех Шинмун, Кореја Економик Дејли, Кореја Хералд, Шиса Њуз* и *Христијан Прес.*

Д-р Ли во моментот е водач на многу мисионерски организации и здруженија: вклучувајќи Претседавач, Обединетите Свети Цркви на Исус Христос; Претседател, Манмин Светска Мисија; Постојан Претседател, Здружение на Мисијата за Христијански препород во светот; Основач & Претседател на Одборот, Глобална Христијанска Мрежа (ГХМ); Основач & Претседател на Одборот, Светска Христијанска Мрежа на Доктори (СХМД); и Основач & Претседател на Одборот, Манмин Интернационалната Семинарија (МИС).

Рај I & II

Детален нацрт на прекрасната животна средина во која живеат жителите на рајот и прекрасни описи на различни нивоа на небесните царства.

Мој Живот, Моја Верба I & II

Најмирисна духовна арома извлечена од животот кој цвета со една неспоредлива љубов за Бога, во средина на темни бранови, студено ропство и најдлабок очај.

Вкусување на Вечниот Живот пред Смртта

Посведочени мемоари на Д-р Церок Ли, кој се роди повторно и беше спасен од долината на сенките на смртта и кој води прекрасен примерен Христијански живот.

Мерката на Верата

Какво живеалиште, круна и награди се подготвени за вас во Рајот? Оваа книга обилува со мудрост и водство за вас да ја измерите верата и да ја култивирате најдобрата и зрела вера.

Пекол

Искрена порака до целото човештво од Бога, кој посакува ниту една душа да не падне во длабочините на Пеколот! Ќе откриете никогаш порано –откриено прикажување на суровата реалност на Долниот Ад и Пеколот.